SUA PAIXÃO É SUA FORÇA!

Ômar Souki

"Vença seus desafios usando sua genialidade"

ACADEMIA DE Inteligência
editora

Copyright © Editora Academia de Inteligência
2004

Produtora Executiva
Suleima Cabrera Farhate Cury
Produção Editorial
Adriana Moreira da Silva
Capa
Daniela Moreira Maia
Revisão
Ruy Cintra Paiva
Editoração Eletrônica e Design
Daniel G. Jericó - *Absoluto Comunicação*

Dados Internacionais de Catalogação na Publicação (CIP)
(Câmara Brasileira do Livro, SP, Brasil)

Souki, Ômar
  Sua paixão é sua força / Ômar Souki
Colina, SP: Editora Academia de Inteligência, 2005.

1. Auto-ajuda - Técnicas 2. Auto-realização
(Psicologia) 3. Motivação (Psicologia)
5. Sucesso I. Título.

05-0864   ISBN: 85-87643-15-0   CDD 158.1

Índices para catálogo sistemático:
1. Determinação : Psicologia aplicada 158.1

Todos os direitos desta edição reservados à
Editora Academia de Inteligência
Telefax: (17) 3341-8212
E-mail: **academiaint@mdbrasil.com.br**
Site: **www.academiadeinteligencia.com.br**

Dedico a
Jesus Cristo,
o Gênio dos gênios!

Peça e receberá.
Busque e encontrará.
Bata na porta e ela se abrirá!

Jesus Cristo

Edição: 10ª 9ª 8ª 7ª 6ª 5ª 4ª 3ª
Ano: 06 05

Sumário

Como libertar a minha Genialidade?
- Quais são as sementes da genialidade? ---- 15
- Como despertar a nossa genialidade empresarial? ---- 19
- Como libertar a genialidade de uma pessoa tímida? ---- 27
- Como aumentar o meu quociente de inteligência para que eu possa vender mais? ---- 31

Como enfrentar as crises com Genialidade?
- Como encarar as crises com genialidade? ---- 37
- As dificuldades da infância podem bloquear o gênio? ---- 41
- Como uma mãe pode ajudar o filho, que é portador de necessidades especiais, a estimular a genialidade dele? ---- 45
- Como utilizar a inteligência nos momentos mais difíceis, sendo que, nesses momentos, não paramos para pensar? ---- 49

Como utilizar a Genialidade nos relacionamentos?
- Como melhorar as paqueras? Dê-nos uma dica para nos tornarmos um Don Juan. ---- 55
- Como é que a energia sexual do ser humano pode produzir ou inibir a genialidade? O senhor conhece algo sobre o Tantrismo? ---- 59
- Quais são os caminhos essenciais para ser um líder? ---- 63

Como usar a emoção para aumentar a minha Genialidade?
- A emoção pode atrapalhar a concentração? ---- 69
- Qual é a relação que existe entre o Q.I. (Quociente de Inteligência) e o Q.E. (Quociente Emocional)? ---- 73
- O que é mais forte, a emoção ou a razão? ---- 77

Como desenvolver a Genialidade nos estudos?
- Meu filho não se concentra nos estudos. Como proceder para melhorar essa situação? ---- 83

- Como posso conseguir concentrar-me no vestibular? ---------- 87
- Tenho observado que as crianças que são mais inteligentes que as outras, costumam ter problemas de disciplina. Como contornar essa situação? -- 91
- Como fazer para desenvolver melhor o cérebro de uma criança que é muito distraída na escola? ----------------------------------- 95
- Dentro de nossa modernidade, onde é que vamos encaixar os novos gênios? --- 97

Como desenvolver uma didática Genial?
- Gostaria que o senhor desse uma dica para um professor que está montando cursos de matemática e química para um cursinho de vestibular. -- 103
- Não estou conseguindo bons resultados com meus alunos. Como posso melhorar a minha genialidade como professora?. 105
- Como ser, ao mesmo tempo, um escritor genial e um conferencista extraordinário? ------------------------------------ 109
- Sou professora de inglês e trabalho com empresários. Como posso estimular os alunos a crescer na vida? ---------------------- 113

Como criar oportunidades com a Genialidade?
- A genialidade está ligada à oportunidade que as pessoas têm? - 119
- Como podemos saber se estamos tomando uma decisão consciente ou se estamos apenas seguindo um impulso? -------- 123
- A genialidade, com o tempo, se mantém, diminui ou pode aumentar? -- 127
- Eu tenho a tendência de encarar situações novas dizendo que não vou conseguir e que não vai dar certo. Como vencer isso? Como controlar a negatividade? --------------------------------- 131
- Qual é a contribuição da genialidade para a nova ordem mundial? --- 135

Como usar a Genialidade para expandir a minha espiritualidade?
- Se a genialidade vem de Deus, como explicar os que não conseguiram encontrá-la em si mesmos? -------------------------- 141
- Dentro de sua genialidade, o que você nos diz sobre o enigma da vida eterna? --- 145
- Eu gostaria de saber se as pessoas geniais são paranormais? ----- 149
- Desenvolvi em meu coração um profundo sentimento de paz. Como utilizar essa paz para ajudar no crescimento das outras pessoas? --- 153
- Como adquirir a felicidade através da genialidade? -------------- 157

Como vencer os desafios com Genialidade?
- Como é que os gênios conseguem vencer os desafios e as dificuldades? -- 163
- Como ajudar pessoas que ficam deprimidas por falta de emprego? -- 167
- Estou montando um sistema de cobrança para uma empresa, mas tenho receio de não concluir o trabalho satisfatoriamente. Como perder esse tipo de medo? ---------------------------------- 171
- Os gênios parecem superar a acomodação e o medo da mudança. Como é que eles conseguem fazer isso? ------------------------ 175

Por que ler este livro?

Certas pessoas, aparentemente comuns, se transformam em verdadeiros gênios. Qual é o segredo desse milagre? É a vontade de realizar, o desejo de vencer e a paixão pelo que fazem. Você talvez já tenha observado essas qualidades em um colega de infância que venceu na vida ou em alguma pessoa de destaque que você admira.

O que você reluta em aceitar é que você, também, é um gênio. Talvez tenha até vontade de parar de ler quando escuta esse absurdo: "Mas eu, como? Eu, um gênio? Isso eu sei que não sou. Aquelas pessoas são diferentes. Foram abençoadas por Deus com dádivas especiais, mas eu não". Você, já de antemão, sabe que não é gênio.

Seus pais afirmaram que você não conseguiria vencer. Os professores provaram por "a + b" que você estava longe da genialidade. Porém, logo no início de seu passeio por este livro, descobrirá que, para você também, existe um lugar especial no Universo. Sim, existe um lugar que é só seu. Um lugar no qual você poderá desabrochar a sua genialidade natural. Esta obra instiga você a identificar esse lugar. Você não só descobrirá o seu espaço, mas também o conquistará, desde que esteja disposto a se entregar à verdadeira paixão de sua vida, isto é, ao propósito de sua existência.

O seu cérebro e o seu coração são semelhantes aos de Leonardo Da Vinci, Albert Einstein, Santos Dumont, Madre Teresa, Walt

Disney e tantas outras pessoas geniais. Se todos temos um gênio dentro de nós, o que é, então, que faz com que certos seres humanos contribuam tanto, enquanto outros mal conseguem sobreviver aos desafios da existência?

Essas e inúmeras outras perguntas serão abordadas nesta obra. São os questionamentos que recebo de meus leitores. Várias perguntas surgiram durante o programa "Tribuna Independente" da Rede Vida de Televisão, enquanto eu era entrevistado pelo jornalista Luiz Antônio Monteiro. As pessoas ligavam para o programa e faziam as perguntas ao vivo.

Você notará que alguns temas aparecem em mais de uma resposta. São assuntos importantes que merecem atenção especial, daí sua recorrência. Isso foi feito propositalmente, pois visa aumentar sua familiaridade com esses assuntos.

Os questionamentos abordados foram formulados por pessoas de várias regiões do Brasil - seres humanos com diferentes idades, diversos níveis de educação e renda -, mas com algo em comum: o desejo sincero de ocupar, com dignidade, seu lugar no Universo.

Esta obra aborda as seguintes perguntas:

1. Como libertar a minha Genialidade?
2. Como enfrentar as crises com Genialidade?
3. Como utilizar a Genialidade nos relacionamentos?
4. Como usar a emoção para aumentar a Genialidade?
5. Como desenvolver a Genialidade nos estudos?
6. Como adquirir uma didática Genial?
7. Como criar oportunidades com a Genialidade?
8. Como usar a Genialidade para expandir a minha espiritualidade?
9. Como vencer os desafios com Genialidade?

Desde que aprendemos a falar, aprendemos também a perguntar. Talvez não exista forma mais eficaz de aprendizado. Uma pergunta bem formulada traz consigo as sementes da resposta. A nossa vida é uma busca constante de respostas. A pergunta favorece tanto a quem a faz quanto ao seu destinatário. Ao verbalizar uma questão, a pessoa já direciona a sua mente para a busca de resposta. Quando você formula uma pergunta, automaticamente, você se mobiliza para encontrar uma solução.

O outro, ao escutar a sua pergunta, ativa os neurônios dele. Cria-se, assim, uma poderosa sinergia que tem como resultado uma ou várias soluções criativas para problemas tidos, às vezes, como insolúveis. Talvez você busque neste livro a resposta para algum questionamento, algum desafio que a vida lhe apresenta agora.

Ao ler as respostas apresentadas aqui, você se motivará a buscar dentro de seu coração a luz. As soluções brotarão em abundância lá no seu âmago. Aceitará, então, a idéia de que você é uma pessoa genial e que a sua genialidade se manifesta quando você se utiliza, com fé, com otimismo e entusiasmo, tanto de seu cérebro, quanto de seu coração.

O cérebro representa a nossa capacidade de raciocínio lógico e o coração, o nosso poder emocional. A utilização apaixonada dessas duas forças rumo a uma missão faz com que a genialidade natural do ser humano se manifeste.

Os grandes gênios foram pessoas comuns que se dedicaram, apaixonadamente, a uma atividade específica. Essa entrega é que produz o gênio. Ao ler esta obra, você descobrirá que já possui as sementes da genialidade. Basta cultivá-las para que floresçam.

A sua força está em sua paixão!

Como libertar a minha Genialidade?

---

*Não vá para fora de si, volte-se para dentro -
a verdade habita no interior do ser.*

Santo Agostinho

Quais são as sementes da genialidade?

O cérebro de Albert Einstein foi pesquisado durante 40 anos pelo Dr. Thomas Harvey. Enquanto analisava o precioso material, também mandava lâminas para colegas interessados na pesquisa. Ele não percebeu nenhuma diferença significativa entre o cérebro de Einstein e o das demais pessoas.

Mas, no início da década de 80, uma colega sua, a Dra. Marian Diamond, da Universidade da Califórnia em Berkeley, depois de examinar uma das lâminas, encontrou algo fascinante.

Na época, a Dra. Diamond pesquisava os fatores da genialidade em ratos. Ela colocava um grupo de ratos em ambiente superestimulante, com rodas dentadas e brinquedos de toda sorte. E outro grupo em ambiente comum, com gaiolas sem brinquedos.

Durante seus estudos, ela observou que os ratos superestimulados atingiam a idade de 3 anos, o que equivale a 90 anos no ser humano. O outro grupo de ratos vivia apenas a metade do tempo. Além disso, os ratos superestimulados tinham cérebros mais desenvolvidos, cheios de conexões neuronais, chamadas sinapses.

Ao analisar o cérebro de Einstein, a Dra. Diamond esperava encontrar um processo semelhante. E, realmente, encontrou. Ali havia mais conexões neuronais do que nos cérebros das outras pessoas. Ela não achou um número maior de neurônios mas, sim, um aumento nas ligações (sinapses) entre eles. Perguntou-se então: "O que causa esse processo de aumento de sinapses?".

O próprio Einstein tinha sua teoria a respeito do assunto. Ele achava que o uso freqüente e livre da imaginação, aumentava a genialidade. Ele usava a imaginação para resolver desafios mentais. Outro gênio, Thomas Alva Edison, usava a imaginação para resolver desafios práticos: gravar a voz humana, gerar a eletricidade, criar a lâmpada elétrica etc. Os desafios estão ligados à genialidade porque estimulam a imaginação, a criatividade. E a criatividade depende das ligações neuronais.

Há, portanto, um laço sinérgico entre o desafio, a imaginação e o número de sinapses. Quanto mais desafios, mais estimulamos o aparecimento das sinapses, que, por sua vez, reforçam a capacidade criativa. Os desafios — tanto teóricos quanto práticos — desempenham um papel fundamental no aparecimento da genialidade.

Por isso, existem gênios eminentemente teóricos como Albert Einstein, e outros, práticos, como Thomas Edison. Ambos desenvolvem a genialidade a partir de seus constantes embates contra obstáculos aparentemente intransponíveis.

É a ousadia de enfrentar o intransponível que produz o gênio. Você pode imaginar desafio maior, para o ser humano, que vencer a gravidade? Alberto Santos Dumont acreditou que era possível vencer a gravidade e conseguiu. Foi fácil? Não.

Na infância, Santos Dumont se divertia consertando as locomotivas da fazenda de café de seu pai. Adorava empinar papagaios de papel e soltar balões nas festas de São João. Adulto, Santos Dumont fez inúmeras experiências desastrosas até conseguir à dirigibilidade do balão. Em 1901, conseguiu fazer a volta na Torre Eiffel em um balão dirigível.

A notícia espalhou-se pelo mundo e ele recebeu, de Thomas Edison, um telegrama com os seguintes dizeres: "A Santos Dumont, o pioneiro dos ares, homenagem de Thomas Edison". Em 1903, pilotando o 14-Bis, ele conquistou a gravidade.

Uma das pessoas mais citadas na civilização ocidental, Jesus Cristo, foi também quem parece ter enfrentado os maiores desafios. Sofreu perseguição do alvorecer ao crepúsculo de sua vida.

Do nascimento aos três anos, teve de percorrer, em fuga constante com seus pais, uma distância de aproximadamente dois mil quilômetros em terras desérticas. Durante o dia, a família era castigada pelo sol, e à noite sofria os rigores da baixa temperatura. Sua vida pública foi marcada por sacrifícios e ataques constantes. Foi justamente esse ser humano que deixou um dos maiores legados de sabedoria aos seus semelhantes.

As pessoas que encaram os problemas, as crises e os obstáculos de frente conseguem maior incremento em seu desenvolvimento físico e mental.

Ao estudar os gênios, eu percebi que todos tinham também desenvolvido, em alto grau, um outro fator, que lhes deu a força para persistir. Esse fator, que considero tão importante quanto a presença de desafios, é a paixão pelo que se faz. Sem paixão, as pessoas não conseguem transpor os obstáculos que a vida lhes apresenta.

Os gênios são pessoas apaixonadas pelo que fazem. São pessoas que se entregam totalmente, que pulam de cabeça no que estão fazendo e, praticamente, esquecem todo o resto. São pessoas persistentes e focadas.

Faça a seguinte experiência: num dia quente de verão, coloque um monte de recortes de jornais no chão, pegue uma lente poderosa e deixe os raios do sol passar através dela.

Em vez de manter a lente direcionada para um único ponto em cima dos recortes de jornais, fique mexendo para lá e para cá. Você notará que jamais conseguirá colocar fogo no papel. Mas no momento em que focar a lente em um único ponto, aí aparecerá a chama.

Com a genialidade ocorre algo semelhante. Ela se desenvolve quando a atenção da pessoa é focada em direção a um ponto específico. Esse foco ocorre devido a paixão.

SUA PAIXÃO É SUA FORÇA!

Pesquisas recentes comprovaram que a paixão, ou o envolvimento intenso, produzem um certo tipo de hormônio cerebral chamado noradrenalina. A noradrenalina produz um efeito saudável nos neurônios, estimulando o crescimento de suas hastes e facilitando as sinapses.

Portanto, podemos dizer que a genialidade se desenvolve nas pessoas que têm um firme propósito de vida. Muitas vezes, ao se lançar na conquista desse propósito, encontram tremendos obstáculos que, por sua vez, testam a sua capacidade de resistência. Para resistir e prosseguir em seu caminho, o gênio então lança mão da paixão, essa irresistível força emocional, que consegue manter o seu direcionamento até que a sua meta seja atingida.

Uma vez atingida, essa meta é substituída por outra, mais ambiciosa ainda, e assim por diante. O gênio parece estar sempre buscando, e à medida que encontra, vai ampliando seus horizontes mentais, cada vez mais e mais.

Resumindo, as sementes da genialidade são a habilidade de encarar desafios e a paixão pela conquista de um propósito superior de vida. É esse o legado que nos foi transmitido por Albert Einstein, Santos Dumont, Jesus Cristo e tantos outros.

Os gênios são pessoas apaixonadas pelo que fazem.
São pessoas que se entregam totalmente,
que pulam de cabeça no que estão fazendo e,
praticamente, esquecem todo o resto.
São pessoas persistentes e focadas.

Como despertar a nossa genialidade empresarial?

Temos, freqüentemente, contato com histórias de gênios da tecnologia, das ciências e das artes. São os Edisons, os Einsteins e os Mozarts. Mas, raramente, nos referimos aos gênios empresariais.

Entretanto, estamos rodeados deles. No Brasil, no campo da aviação civil destacou-se o Comandante Rolim (TAM); na distribuição de produtos, Alair Martins (Atacado Martins); em aluguel de carros, Salim Mattar (Localiza) etc. Em âmbito mundial, podemos citar o Bill Gates (Microsoft), no ramo da informática; o Walt Disney (Disney World), em entretenimento; o Ted Turner (CNN), em comunicações; o Ray Kroc (McDonald's), em comida rápida e muitos outros.

Gênios empresariais são pessoas que desenvolvem um alto grau de liderança nos negócios. Estabelecem padrões elevados para suas empresas e para o seu ramo de negócios.

Estudei os fatores da genialidade e cheguei à conclusão de que eles — assim como os gênios da tecnologia, das ciências e das artes — possuem certas características fundamentais. Essas características, ou habilidades, são as seguintes: *iniciativa*, **missão impossível**, *criatividade*, *comunicação*, **ação eficaz**, **energia infinita** e *congruência*.

A pessoa com *iniciativa* não espera acontecer. Ela faz acontecer. O Comandante Rolim, aos 18 anos, vendeu a sua lambretinha para comprar horas de vôo. Alair Martins, aos 17 anos, conseguiu o apoio do pai para abrir a sua primeira loja. Salim Mattar, aos 10 anos, vendia laranjas para comprar a sua primeira bicicleta.

Bill Gates, com 13 anos, já trabalhava seriamente na programação de computadores. Ted Turner, aos 12, trabalhava na empresa do pai, limpando *outdoors*. Walt Disney, aos 19, largou um emprego fixo nos correios para abrir seu próprio estúdio.

Iniciativa vem de iniciar, de começar. Esses seres extraordinários tiveram a coragem de se entregar a seus negócios e de persistir naquilo que amavam, independente dos primeiros resultados.

Iniciativa tem a ver com coragem. Dar o primeiro passo não é fácil. Em geral, temos medo de arriscar. Um dos maiores medos do ser humano é o medo de errar.

Tanto em casa quanto na escola, fomos penalizados pelo erro. Portanto, crescemos com aversão ao erro. Mas, sem errar, não se aprende. É preciso vencer o medo de errar. É necessário arriscar. E se errar? Faz-se novamente. E se errar de novo? Faz-se de novo.

A vida dos grandes gênios é composta de uma sucessão de erros; quanto maior o gênio, maiores os erros. Mas, você já observou que no futebol é a mesma coisa? Qual é o jogador que mais acerta em gol? É também o que mais erra. Enfim, ele acerta mais, porque tenta mais.

Assim como o jogador de futebol, o gênio empresarial comemora, com enorme entusiasmo, seus gols. Os inúmeros chutes perdidos são considerados como oportunidades de aprendizado.

A segunda característica dos gênios empresariais é a ***missão impossível***. Os gênios se propõem a realizar coisas praticamente impossíveis. Bill Gates almeja ver um computador em cada mesa de escritório e um computador em cada casa, no mundo. Ted Turner diz que não vai descansar até que os problemas do planeta – como o problema dos sem teto, da aids etc. — estejam resolvidos. Walt Disney dizia que queria ver um sorriso no rosto de cada criança.

Quando o Comandante Rolim vendeu a sua lambretinha para comprar horas de vôo, o sonho de comandar uma grande empresa aérea parecia praticamente impossível. Seu foco nesse sonho impossível fez com que o sonho se tornasse realidade.

Salim Mattar fundou sua empresa com apenas seis volks usados. Naquela época, o sonho de fazer da Localiza a maior locadora da América Latina era algo praticamente impossível. Hoje é realidade!

Missão impossível e *iniciativa* se apóiam uma na outra. A *missão* sem a *iniciativa* não leva a resultados concretos. E a *iniciativa* sem a *missão* leva a resultados dispersos.

Depois da *iniciativa* e da *missão*, o gênio empresarial utiliza de sua *criatividade*, a terceira habilidade.

É preciso inovar para se conseguir resultados diferenciados. Se fizermos o que todos estão fazendo, não conseguiremos um destaque no mundo dos negócios. Não é necessário fazer algo totalmente novo, mas é importante dar colorações distintas a produtos ou serviços já conhecidos.

O sanduíche já existia há muito tempo antes do McDonald's. Por que, então, Ray Kroc, o fundador do McDonald's, foi tão bem-sucedido? Porque inovou.

Em vez de apresentar o sanduíche da forma convencional — em ambientes básicos e sem atrativos especiais —, Kroc criou um clima de limpeza, rapidez e alegria. Comer no McDonald's é como ir a uma festa. É divertido.

Branca de Neve e Cinderela eram histórias contadas antes de Walt Disney. Mas foi o seu gênio criativo que transformou essas histórias em sucessos cinematográficos.

As viagens aéreas já existiam muito antes do Comandante Rolim. Mas ele foi capaz de inovar. Teve a idéia de promover sorteios a bordo das aeronaves, que deviam estar sempre impecavelmente limpas. Fazia questão de que as aeromoças estivessem bem vestidas e sorridentes e a comida, quentinha. Ele fez com que viajar na TAM se transformasse em uma experiência diferente.

Isso é *criatividade*. É pegar algo conhecido e torná-lo mais atraente. Vendê-lo de forma diferenciada.

A quarta habilidade dos gênios empresariais é a *comunicação*. O ser humano pode fazer muito sozinho, porém quando trabalha em equipe é capaz de realizar muito mais.

O trabalho em equipe depende da *comunicação*. Os gênios empresariais conseguem aglutinar pessoas para o trabalho direcionado para a conquista de metas elevadas. A liderança dos grandes empresários se deve a essa habilidade de comunicar suas idéias com clareza e conseguir a adesão de outros. A capacidade de *comunicação* ocorre em dois planos, interno e externo.

No plano interno, depende das coisas que falamos conosco mesmos. Esse diálogo interno pode ser enfraquecedor ou fortalecedor. Ele é enfraquecedor quando fala mais de nossos erros, acusando-nos e levando-nos ao desânimo. Principalmente quando nos apresentamos as coisas de forma difícil e complicada.

Mas, os grandes líderes possuem um diálogo interno extremamente fortalecedor. Por exemplo, Henry Ford dizia que se levantava todos os dias para vencer. Thomas Edison, ao saber que algumas de suas fábricas se haviam incendiado, disse: "Amanhã mesmo começo a construir fábricas melhores que aquelas".

Essas atitudes refletem um diálogo interno fortalecedor. A *comunicação* com as outras pessoas depende desse diálogo. Produzirá resultados positivos caso a nossa conversa interna seja otimista e energizante.

Para que isso aconteça, a nossa visualização de resultados deverá ocorrer em três dimensões: visual, auditiva e de ação-sensação. A visual se refere aos detalhes referentes às formas e às cores, e à definição de imagem. A auditiva, aos sons. E a de ação-sensação, às emoções que teremos ao conseguir os resultados desejados.

Depois de ter claro dentro de nós o que desejamos, é mais fácil transmitir nossas idéias às outras pessoas.

A *comunicação* com os outros acontece, principalmente, através da modelagem. A modelagem, ou espelhagem, é a habilidade de adotar uma postura corporal semelhante à do outro. Espelhamos as expressões faciais, o ritmo respiratório, a voz da pessoa e a sua postura.

Ao adotarmos uma postura semelhante à da outra pessoa, conseguimos entender melhor os sentimentos dela. Ao sentir-se entendida, a pessoa passa a desejar escutar o que temos a dizer. Os líderes sabem disso e buscam entender melhor suas equipes. Bill Gates passa a maior parte de seu tempo em reuniões que visam estimular suas equipes de trabalho.

Uma vez, uma menina de 7 anos perguntou a Walt Disney se era ele que fazia todos aqueles desenhos animados. Ele disse que não. Então, ela lhe perguntou se era ele que produzia os brinquedos maravilhosos de seus parques. Outra vez, ele respondeu negativamente. A criança, já desapontada, perguntou o que, afinal, ele fazia. Disney respondeu apenas: "Eu motivo outras pessoas a produzir todas essas coisas bonitas".

O segredo da *comunicação*, portanto, é saber estimular as outras pessoas a trabalhar na materialização de projetos empresariais importantes.

Além da *iniciativa*, da *missão impossível*, da *criatividade* e da *comunicação*, os gênios empresariais desenvolvem também as habilidades da *ação eficaz*, da *energia infinita* e da *congruência*. Essas habilidades serão explicadas a seguir.

Ação eficaz é a quinta capacidade cultivada pelos gênios. É o hábito de fazer as coisas mais importantes em primeiro lugar.

Eu me levanto um pouco antes das 6 horas da manhã, releio meu arquivo de metas, e depois parto para o exercício diário. Será porque eu escolho justamente essas como as minhas primeiras atividades do dia?

Porque dentro de minha escala de valores, ter consciência permanente de minhas metas pessoais e manter uma boa saúde são as coisas mais importantes. Portanto, busco agir como as pessoas geniais. A cada dia, faço, em primeiro lugar, as coisas que julgo mais importantes. O mais importante deve vir sempre em primeiro lugar.

Escrever é também algo extremamente importante para mim, portanto, depois que chego de minha caminhada, começo a escrever. Procuro fazer essas coisas essenciais o mais cedo possível, para depois atender às outras demandas de meu dia.

Há uma experiência interessante que demonstra o valor dessa atitude. Pegue uma jarra de vidro bem grande e separe outros materiais, que depois deverão caber dentro da jarra. Os materiais são os seguintes: água, areia, brita e pedras grandes.

Sua tarefa será colocar a maior quantidade possível desses materiais dentro da jarra. Como procederia para conseguir isso?

Se encher a jarra de água, não conseguirá colocar mais nada dentro dela. O que colocar, fará com que a jarra transborde. Se encher de areia, talvez possa colocar um pouco de água e mais nada. Se colocar a brita primeiro, talvez possa despejar alguma areia e água, mas as pedras grandes não entrarão.

Somente terá sucesso nessa tarefa, se colocar as pedras maiores primeiro. Coloque tantas quantas couberem dentro da jarra. Depois despeje a brita. Depois a areia e, finalmente, a água.

Dessa forma conseguirá acomodar um maior número de materiais dentro da jarra. Enfim, colocando as coisas maiores e mais densas primeiro, você terá mais sucesso. Na vida, ocorre algo semelhante. Busque realizar primeiro as tarefas mais importantes, e as outras se acomodarão.

Quais são as coisas mais importantes? São todas as coisas que mais se alinham com a nossa missão de vida e com os nossos valores pessoais. Para mim, as coisas mais importantes estão relacionadas com a minha saúde física, meu objetivo superior de vida e com meus relacionamentos pessoais. Depois vêm os relacionamentos profissionais. Portanto, a *ação eficaz* do gênio empresarial aparece quando ele estabelece prioridades para sua vida e seus negócios.

Os gênios empresariais parecem também possuir *energia infinita*. Essa é a sexta qualidade e está ligada ao entusiasmo com que se entregam aos seus negócios.

Ted Turner praticamente morava dentro de seu primeiro estúdio de televisão, tal era a sua empolgação pelo trabalho. Walt Disney, depois do expediente, permanecia no seu estúdio e verificava as latas de lixo de seus desenhistas. Nessas horas, conseguia achar verdadeiras preciosidades que eram jogadas fora. Muitas vezes, os desenhistas, com elevada autocrítica, eliminavam os melhores desenhos. O Comandante Rolim levantava-se às 5h00 da manhã para estar às 7h00 no aeroporto de Congonhas cumprimentando seus primeiros passageiros.

Onde é que essas pessoas conseguem energia para tanto? — Na paixão que dedicam ao seu negócio. Elas são, literalmente, apaixonadas pelo que fazem. E as pessoas apaixonadas são capazes de gerar *energia infinita*.

Para manter essa energia, só paixão não basta. É necessário atenção especial à saúde. Afinal, para produzir resultados consistentes, precisamos estar em boa forma física. Cada vez mais, observamos empresários de sucesso fazendo suas caminhadas matutinas ou praticando algum outro tipo de esporte.

A sétima habilidade cultivada pelos gênios empresariais é a *congruência*, que está relacionada com a capacidade de pensar, falar e agir na mesma direção.

Congruência é a concentração do foco mental na harmonia de ações. O gênio consegue desenvolver coerência entre o seu ambiente físico, seu comportamento, seus valores, sua identidade e sua espiritualidade. Uma vida congruente tem força especial. A pessoa que consegue esse foco, dispersa menos energia, e consegue realizar mais.

Foi a extraordinária congruência de Ray Kroc que permitiu a esse homem de 52 anos investir tudo em uma só idéia, e vencer em alto estilo. Até essa idade, Ray Kroc vendia máquinas para fazer *milk shake*. Fazia o bastante para sobreviver mas não se destacava.

Nessa época, percebeu que as pessoas já não tinham tanto tempo para longas refeições. Queriam uma comida rápida e higiênica. Queriam conveniência. Decidiu então desenvolver a franquia

McDonald's. Em 1955, Kroc abriu a sua primeira loja. Era então um franqueado dos irmãos McDonald.

Apenas seis anos depois, comprou a franquia por US$ 2,7 milhões. A partir de 1971, expandiu para outros países. Hoje é a maior franquia do mundo. Possui mais imóveis urbanos que o próprio Vaticano.

Desenvolver a genialidade empresarial é simples, mas não é fácil. É necessário desenvolver o senso de *Iniciativa*, partir para a ação maciça rumo a uma *Missão Impossível* e estar disposto a desenvolver a *Criatividade* e a *Comunicação*.

Além disso, é necessário cultivar a habilidade da *Ação Eficaz* e dar tudo no trabalho através de uma *Energia Infinita*. Finalmente, é preciso pensar, falar e agir numa só direção, é preciso ter *Congruência*.

Isso é o que os grandes gênios fazem. Se seguirmos esses passos, você e eu também nos transformaremos em verdadeiros gênios empresariais.

> *Tanto em casa quanto na escola, fomos penalizados pelo erro. Portanto, crescemos com aversão ao erro. Mas, sem errar, não se aprende. É necessário vencer o medo de errar. É necessário arriscar. E se errar?*
> *Faz-se novamente.*
> *E se errar de novo? Faz-se de novo até acertar.*

Como libertar a genialidade de uma pessoa tímida?

Primeiro é necessário entender o que é a timidez. A pessoa tímida se sente coibida de falar e de fazer as coisas. Sente medo do fracasso, do ridículo, do erro e teme não saber expressar-se corretamente. Sua auto-estima é baixa e atribui pouco valor a suas idéias e qualidades. Supervaloriza a opinião dos outros.

O medo faz com que a pessoa se intimide perante a opinião dos outros. Ela tem medo do que os outros vão pensar dela. No meu curso, *O Caminho do Fogo,* as pessoas participam de vivências especificamente projetadas para transformar o medo em coragem.

A pessoa é convidada a analisar como é que ela se vê no espelho da mente. Qual é a sua auto-imagem? Com que roupas se veste? Como estão as suas feições? Alegres ou tristes? Como é que ela conversa a seu próprio respeito? Que é que diz para si própria? Que escuta os outros falando a seu respeito? Como é que se sente? Fortalecida ou enfraquecida?

As pessoas tímidas produzem imagens, sons e sensações internos enfraquecedores. O processo de transformação ocorre através da mudança dessas percepções internas. A pessoa aprende como fortalecer as imagens, os sons e as sensações que produz a seu próprio respeito.

Uma mudança de percepção tem o poder de transformar a forma com que os outros nos vêem. É por isso que a nossa auto-imagem deve ser a melhor possível.

Durante o curso, depois desse trabalho com auto-imagem, as pessoas participam de outras vivências para eliminar seus medos. Escrevem as suas limitações em um pedaço de papel, participam de uma energização coletiva, queimam esse papel, e adquirem a coragem para andar descalças sobre um leito de brasas. O resultado dessas vivências tem sido transformador.

Em geral, a timidez é um processo que se inicia na infância. Gonzáles Pecotche, em sua obra *Deficiências e Propensões do Ser Humano*, destaca que a timidez, muitas vezes, é fruto de frustrações no período de crescimento.

Pais ou mestres autoritários podem ter cortado grosseiramente a criança enquanto ela expressava suas idéias. Ou podem ter criticado suas iniciativas, seus desejos, suas decisões ou sua forma de ser. Depois de tais experiências negativas, a criança pode acreditar que é inferior aos demais.

Sofri críticas severas de uma professora e de meu pai durante o ensino fundamental. Uma professora chegou a me dar zero no comportamento. Além do zero, que foi uma humilhação, também fui castigado em casa. Na época, eu me achava inferior às outras crianças. Achava que elas eram melhores, mais bonitas, mais competentes.

Tinha receio de manifestar as minhas opiniões e de falar o que estava pensando. Eu tinha medo de ser novamente castigado pelo meu pai ou pela professora. Era uma sensação desagradável que poderia ter-se perpetuado não fosse a sabedoria de minha mãe.

Lembro-me de ter confessado para a minha mãe como eu me sentia mal a meu próprio respeito: feio, menos inteligente e menos competente que as outras crianças. A minha mãe instintivamente me elogiava. Ela me colocava nas alturas: "Meu filho, você é a criança mais linda, mais inteligente e competente do mundo. Além disso, eu te amo muito, muito, muito!".

Eu optei por acreditar nos elogios de minha mãe e comecei a mudar a minha imagem. Comecei a dedicar-me mais aos estudos e aos esportes. Além de aumentar as minhas notas, consegui desenvolver um físico equilibrado, saudável e atraente. Passei a me vestir melhor e a gostar mais de mim.

A leitura de livros de auto-ajuda também exerceu influência. Li as obras de Norman Vincent Peale sobre o poder do pensamento positivo e de Joseph Murphy sobre o poder do subconsciente. Eu aprendi que poderia mudar minha imagem através de afirmações positivas a meu respeito, do tipo: "Eu sou competente agora", "Eu sou elegante agora", "Eu me amo do jeito que eu sou agora", "Eu sou bem-sucedido agora" etc.

Nossa auto-estima melhora quando melhoramos nossa auto-imagem. A imagem que fazemos de nós determina quanto é que nos amamos. A auto-imagem positiva é fundamental para o sucesso na vida.

As outras pessoas não nos conseguirão perceber de forma mais positiva do que nós mesmos nos percebemos. Para obter resultados excelentes na família ou nos negócios é, portanto, necessário desenvolver uma auto-imagem de campeão.

Quando pensar em sua própria pessoa, pense em atributos positivos como: corajoso, confiante, dedicado, responsável, próspero, caridoso, forte, saudável, inteligente, competente, simpático, cortês, paciente, bonito, agradável, equilibrado, otimista, sensível, amoroso e em paz consigo mesmo.

Uma mudança de percepção a nosso próprio respeito tem o poder de transformar a forma com que os outros nos percebem. É por isso que a nossa auto-imagem deve ser a melhor possível.

Como aumentar o meu quociente de inteligência para que eu possa vender mais?

Experiências realizadas nos Estados Unidos comprovam que a música de Bach, Hydn, Vivaldi, Mozart e outros clássicos ajudam a estimular nosso potencial intelectual. Foi também comprovado que esse tipo de música auxilia no crescimento saudável de bebês.

Outras pesquisas, realizadas na Holanda, demonstram que, além de ajudar os seres humanos, a música clássica tem efeito benéfico até sobre os animais. Quando a música dos grandes gênios é tocada para vacas, elas dão mais leite.

Enquanto estou escrevendo para você, estou escutando a música feliz de Antônio Vivaldi. Neste exato momento, estou escutando o Concerto para Duas Flautas, Cordas e Cravo em C Maior (RV 533) (Largo/Alegro).

Na obra ***Mantenha o Seu Cérebro Vivo***, Lawrence Katz e Manning Rubin apresentam exercícios para manter a memória e aumentar a agilidade mental. Katz e Rubin dizem que armazenamos memórias devido a dois fatores: a *emoção* e a *associação*:

1. Emoção: Quando a informação tem significado emocional;

2. Associação: Quando a informação está relacionada a alguma coisa já conhecida ou a alguma coisa que estamos fazendo.

O primeiro fator atua quando a informação vem rodeada por forte carga emocional. Você se lembra, com facilidade, do nome, do endereço, do telefone e do *e-mail*, e de muitas outras coisas mais, referentes à sua namorada. Você também se lembra de várias informações relativas a alguém que lhe causou algum tipo de perda: mentiu para você, não pagou uma dívida, estragou o seu carro etc.

Portanto, a emoção atua como um reforço. O amor, a alegria, o êxtase — emoções altamente gratificantes —, assim como emoções desafiadoras — a raiva, o ódio, a tristeza — servem para ajudar na gravação cerebral. Independente da natureza da emoção, quando ela acompanha algum tipo de aprendizado, faz com que a informação se fixe mais profundamente na memória.

É por isso que nos lembramos tão nitidamente do dia de nossa formatura, de nosso casamento, do nascimento do nosso primeiro filho, de uma grande venda, de uma viagem sensacional etc. Com a mesma facilidade nos lembramos daquela reprovação na escola do ensino médio, daquela namorada que nos rejeitou, daquele acidente de carro, daquele péssimo negócio etc.

Além da emoção, a associação também facilita a memorização, ou seja, melhora nosso *recall* (lembrança de informações).

A associação ocorre quando o cérebro liga diferentes tipos de informações, provocando a comunicação entre suas diversas partes. Por exemplo, eu associo o conteúdo deste texto a uma música agradável, porque, enquanto estou escrevendo, estou também escutando Vivaldi.

Também associo este conhecimento ao delicioso frango assado que estou comendo neste momento. Estou escrevendo durante minha hora de almoço, como se eu estivesse tendo uma agradável reunião com a pessoa que formulou esta pergunta.

Este momento ficará marcado de forma especial em minha memória. A música foi de propósito, mas o almoço aconteceu porque alguém cancelou um almoço de negócios que tínhamos marcado para hoje. Eu então decidi almoçar em minha sala, enquanto respondia à pergunta.

Dessa forma, várias partes do meu cérebro foram ativadas, a visão (as palavras na tela do computador e a imagem da comida), a audição (a música clássica e o ruído das teclas do computador), o olfato (o aroma agradável do frango assado), o paladar (o gosto da comida) e o tato (meus dedos tocando o teclado e minhas mãos levando a comida até à minha boca). Formou-se uma teia indelével de associações que facilitam o *recall* a qualquer momento. Essa rede de associações é fundamental para aumentar nossa capacidade cerebral.

Recentemente, utilizei-me de um recurso de associação para me lembrar do nome de uma pessoa que tinha acabado de encontrar. Ele disse o seu nome: Verivaldo. Conversamos um pouco e eu, de repente, percebi que me lembrava apenas vagamente de seu nome. Dentro de mim apareceram várias opções: Evaldo, Lorivaldo, Vanildo etc. Como eu queria lembrar-me do nome certo dessa pessoa, eu escolhi uma das lembranças que tinham ficado. Escolhi Evaldo e disse: "Você tem razão, Evaldo".

Ele, imediatamente, comentou: "Meu nome é Verivaldo". Eu respondi: "Ah, desculpe-me, agora sim vou lembrar-me, Verivaldo".

Dentro de mim, comecei a buscar alguma forma de associar aquele nome a algo já conhecido. Lembrei-me então de um perfume que tinha comprado no Aeroporto de Brasília: Very Valentino. Very Valentino é um perfume agradável, que uso com certa freqüência.

Agora ficou fácil lembrar o nome daquela pessoa. Não é Very Valentino, mas sim Veri... Valdo. E Valdo é o masculino de Valda, nome daquela pastilha para a garganta.

Neste ponto da leitura, você deve estar achando isso uma tremenda gozação. Sim é uma gozação que dá excelentes resultados, pois nosso cérebro adora essas piadinhas. O humor é uma emoção altamente positiva, que facilita a memorização. Quanto mais hilária for a associação criada, melhor se fixa na memória.

Por quê? Porque dessa forma estamos mexendo com nossas emoções. Esse tipo de associação alegre faz com que a vida fique mais feliz e, além disso, ajuda a desenvolver nossa capacidade cerebral.

No caso de vendas, é importante guardar o nome das pessoas e lembrar de seus interesses pessoais, time favorito, sua religião, seu *hobby* etc. Usando associações, podemo-nos lembrar das coisas com facilidade e aumentar nossa capacidade de relacionamento. O relacionamento é o fundamento de todo negócio bem-sucedido. Relacionamentos sadios se baseiam na confiança.

A confiança depende em grande parte do interesse que demonstramos pelos outros. Esse interesse se manifesta quando nos lembramos de fatos importantes relacionados à experiência de vida dos outros.

Quando você se lembra desses detalhes, aparentemente insignificantes, a outra pessoa se sente valorizada, querida. Faz com que nosso cliente confie mais em nós. Passamos assim a ocupar um lugar preferencial em sua mente e em seu coração. Quando ocupamos esse lugar especial, a pessoa se predispõe a realizar negócios importantes conosco porque ela confia em nós.

A capacidade de retenção de fatos relativos às pessoas com as quais nos relacionamos leva a um melhor entendimento, que aumenta o grau de confiança que, por sua vez, facilita a venda.

> *Usando das associações, podemo-nos lembrar das coisas com facilidade e aumentar nossa capacidade de relacionamento. O relacionamento é o fundamento de todo negócio bem-sucedido.*

Como enfrentar as crises com Genialidade?

*Toda crise é fonte sublime de espírito renovador
para os que sabem ter esperança.*
Chico Xavier

Como encarar as crises com genialidade?

A chuva cai lá fora e eu — aqui dentro — confortavelmente respondo ao seu questionamento. Talvez no aconchego de meu escritório seja mais fácil formular respostas para perguntas desafiadoras — do que pensar em soluções enquanto estamos engajados no embate do dia-a-dia. É assim que aparece a iluminação: é quando paramos e escutamos a nossa voz interior. É de lá que saem as respostas para a vida.

Quando era mais jovem, eu achava que deveria ter as condições ideais para produzir coisas boas. O clima deveria ser perfeito, nem muito sol nem muita chuva — nem muito calor, nem muito frio. A política deveria estar em ordem, a economia em crescimento e as pessoas empregadas. Como em um conto de fadas.

Aos poucos — e à medida que eu conhecia mais da vida dos grandes gênios —, descobri que é justamente o contrário. O gênio aparece na adversidade. São as tempestades que produzem os grandes navegadores.

Fernão de Magalhães, além de enfrentar as intempéries dos oceanos, teve também de domar a ira dos homens. Antes de cruzar o estreito — que depois passou a se chamar Estreito de Magalhães —, o gênio teve de enfrentar sérios desafios.

Seus comandados eram portugueses e espanhóis. Havia antagonismos entre as duas nacionalidades. Magalhães era português, mas era a Espanha quem patrocinava a expedição. Os espanhóis se rebelaram e tomaram três dos cinco navios, ameaçando prender o grande navegador e levá-lo de volta à Espanha.

Magalhães, de posse de apenas duas naves, combateu os rebeldes e venceu. Seguiu o seu caminho à procura de uma passagem para o Pacífico. Sua heróica teimosia conquistou os maiores obstáculos. Ele conseguiu ser a primeira pessoa a circunavegar a Terra. Devido à sua genialidade, ficou provado que a Terra era redonda. Uma genialidade conquistada a ferro e fogo.

Iñigo López de Recalde era um bravo guerreiro espanhol do início do século XVI. Combateu na batalha de Pamplona e saiu gravemente ferido na perna direita.

Durante a longa e dolorosa convalescença, em uma época em que não existiam analgésicos, ele teve tempo para ler muito. Nesse período mesclado de sofrimento e iluminação, decidiu largar as armas para sempre. Não só abandonou as armas, ingressou em um hospital e começou a cuidar dos trabalhos mais humildes. Trocou seu nome para Inácio de Loyola.

Perseguido por causa de suas idéias revolucionárias, refugiou-se em Paris, onde vivia como mendigo. Passou a freqüentar a universidade e lá — devido à sua dedicação aos livros — começou a exercer influência sobre outros jovens.

Aos 46 anos entrou definitivamente para a vida religiosa, sendo ordenado sacerdote. Loyola mais seis seguidores decidiram fundar, em 1534, a Companhia de Jesus.

Depois de enfrentar enormes desafios, a tenacidade de Loyola venceu. A Companhia de Jesus tornou-se uma das maiores sociedades religiosas que já existiram. Espalhou-se por todo o mundo.

A vida de Santo Inácio de Loyola é uma prova viva de que a genialidade é fortalecida pelos obstáculos. Ele foi soldado aos 30 anos e padre aos 46. Morreu aos 64 anos, em Roma, deixando um legado duradouro.

Outro exemplo: Händel, o grande músico, tinha um pai irascível, que mandou retirar de sua casa todos os instrumentos musicais. O pai queria que ele fosse advogado e não músico. Mesmo assim, o menino encontrou, no sótão da casa, um velho cravo. Depois que todos dormiam, ele se dirigia para lá e se exercitava secretamente.

Magalhães, Loyola e Händel, cada um em sua área específica — navegação, religião e música —, chegaram à glória máxima. Mas para nenhum dos três o destino facilitou as coisas.

São três exemplos de gênios que se destacaram apesar dos desafios. Tiveram de remover verdadeiras montanhas para deixar seu legado. E assim é para a maioria das pessoas geniais.

O gênio aparece na adversidade.
São as tempestades que produzem
os grandes navegadores.

As dificuldades da infância podem bloquear o gênio?

A história de Händel, que acabei de contar, mostra que mesmo as mais severas imposições podem ser vencidas pela vontade do gênio. O pai dele queria que ele fosse advogado e não músico. Mas, apesar das repressões paternas, o gênio seguiu o seu caminho rumo à glória.

Quando adulto, também encontrou dificuldades, principalmente em 1741, quando a rainha Cristina, sua protetora, havia morrido. Durante o rigoroso inverno daquele ano, ele perambulava pelas ruas de Londres. Os teatros estavam fechados, pois ficava muito caro aquecê-los durante o rigoroso inverno.

O gênio mostrou a sua tenacidade e tomou as rédeas de seu próprio destino. Trabalhou continuamente durante 23 dias. Ao final desse período, entregou ao mundo "O Messias", um dos mais belos oratórios jamais compostos.

Mas sua obra não foi reconhecida em Londres e, mais uma vez, Händel mostrou a força de seu caráter. Com mágica obstinação, levou "O Messias" para a Irlanda e, em 13 de abril de 1742, sua obra-prima foi executada em Dublin pela primeira vez. A acolhida do público foi absolutamente entusiástica. O teatro estava lotado e a renda do evento foi distribuída entre instituições de caridade.

Por mais de 250 anos, "O Messias" tem sido apresentado com sucesso em teatros de todo o mundo. Em seu testamento, Händel deixou os direitos autorais de sua obra para o Hospital de Indigentes de Londres.

O local onde Händel executou sua obra-prima pela primeira vez tornou-se atração turística. Quando visitei a Irlanda, o guia me levou para ver o local onde era o teatro.

Quando a pessoa tem uma vontade indomável, as repressões da infância, em vez de arrefecer sua disposição, parecem motivá-la mais ainda. Quando Bill Gates, aos 19 anos, decidiu abandonar a Universidade de Harvard, nos Estados Unidos, para montar a Microsoft, sofreu enorme pressão dos pais para não cometer aquela "loucura". Hoje, a Microsoft é a empresa mais rentável do mundo.

Ted Turner, quando criança, era muito levado. Foi expulso de diversos colégios. O pai lhe aplicava freqüentes surras, pois queria "fazer dele um homem de bem". Depois de adulto, Turner, apesar dos enormes desafios e de uma concorrência desleal, montou sua própria empresa de comunicação, a CNN, hoje a maior do mundo.

Walt Disney, com 8 anos, vivia perto de um parque de diversões, o Fairmont Park. Passava perto do parque e via as outras crianças se divertindo. Ficava encantado com os brinquedos coloridos e as luzes vibrantes. Ouvia o som estridente da música do parque e sentia o cheiro gostoso da pipoca fresca.

Corria para casa e pedia ao pai que lhe comprasse um ingresso para o Fairmont Park. Resposta do pai: "Meu filho, nós somos muito pobres, não temos dinheiro para frivolidades. Você tem de trabalhar de manhã e de noite entregando jornais para ajudar a família".

Passaram-se os anos, o pequeno Walt jamais desistia da idéia, mas quando solicitava ao pai para deixá-lo ir ao parque a resposta era sempre a mesma. Aos 16 anos a família mudou-se daquele bairro e ele jamais colocou os pés no Fairmont Park.

Foi justamente essa criança, quando adulto, que construiu os maiores parques de diversão de que a humanidade tem conhecimento.

Uma grande frustração em criança despertou nele uma vontade inquebrantável de vencer.

Esses exemplos mostram que, se a pessoa está realmente determinada a conquistar seus objetivos, as repressões sofridas na infância têm efeito contrário. Isto é, quanto mais os pais reprimem a vocação do filho, mais forte ela se torna.

Quando a pessoa tem uma vontade indomável, as repressões da infância, em vez de arrefecer sua disposição, parecem motivá-la mais ainda.

Como uma mãe pode ajudar o filho, que é portador de necessidades especiais, a estimular a genialidade dele?

A forma mais adequada de lidar com a excepcionalidade de alguém é fazer com que a pessoa se sinta alguém especial. O escritor Napoleon Hill teve um filho que nasceu sem orelhas.

Quando viu aquilo, não sabia o que fazer. Ele, que escrevia tanto sobre o sucesso e o otimismo, como iria encarar esse revés em sua vida? Como poderia superar esse desafio?

Depois de refletir sobre a questão, Hill decidiu encarar aquilo como se fosse uma bênção e não uma desgraça. Passou a tratar o filho como se ele tivesse sido presenteado com uma rara qualidade. Dizia freqüentemente para seu filho que ele seria bem-sucedido na vida e nos negócios, pois ele era diferente dos outros.

Hill ainda falava para seu filho que, por ele ser diferente, seria tratado melhor que os outros. Enfim, ele seria uma pessoa muito especial. E assim aconteceu. Seu filho, com o auxílio de aparelho auditivo, consegui superar vários desafios, formou-se na universidade e começou a vender aparelhos de audição, tornando-se um empresário de enorme sucesso.

O exemplo de Napoleon Hill é reconfortante. Mas, talvez, seu filho tenha uma questão mais séria. Talvez, tenha um desafio maior para superar.

Conta uma lenda indiana que um homem tinha como profissão carregar água. Ele carregava uma haste de madeira nos ombros e pendurava dois potes em cada ponta de uma haste.

Mas, um dos potes tinha um pequeno vazamento. Esse pote ficava preocupado, pois seu dono chegava ao destino com menos água e, conseqüentemente, ganhava menos dinheiro.

Depois de algum tempo, resolveu conversar com seu dono e sugeriu-lhe que comprasse um pote novo, pois ele não estava conseguindo desempenhar a sua tarefa a contento. O carregador de água, porém, não concordou. O pote insistiu: já não mais suportava a humilhação de chegar ao destino, sempre com menos água que o outro.

Diante da insistência do pote defeituoso, o carregador de água resolveu explicar-lhe por que queria mantê-lo. Mostrou-lhe uma fileira de flores que havia crescido na estrada que ia até seu destino. Destacou o fato de que as flores haviam crescido apenas do lado onde ele carregava o pote com defeito.

Ao notar o vazamento, o sábio carregador de água plantou algumas sementes de flores daquele lado. Assim, conseguiu enfeitar seu caminho com lindas flores coloridas. Depois de escutar aquela explicação, o pote defeituoso não só ficou mais tranqüilo, mas também feliz de saber que, com seu defeito, ajudou a enfeitar a vida das outras pessoas.

Para tudo, eu acredito, existe uma razão. Se o seu filho veio para este lado da vida com uma séria limitação física, nem por isso ele deixa de ter uma missão importante. Talvez, ele seja uma pessoa excepcionalmente carinhosa, apesar de sua limitação.

Talvez, ao apresentar esse desafio para a família, pode estar contribuindo para uma maior união entre seus membros. Talvez esteja, assim, estimulando uma vida mais amorosa e desprendida ao seu redor. Apesar de todas as dificuldades, acho que muitas lições podem ser aprendidas.

O mais importante é o amor que os demais familiares podem demonstrar para essa pessoa que é diferente deles. Esse amor incondicional talvez possa compensar todo o esforço e dedicação que seu filho demanda.

> *Para tudo, eu acredito, existe uma razão. Se o seu filho veio para este lado da vida com uma séria limitação física, nem por isso, ele deixa de ter uma missão importante.*

Como utilizar a inteligência nos momentos mais difíceis, sendo que, nesses momentos, não paramos para pensar?

Por que não paramos para pensar? Que nos impede de parar para pensar? Será que existe alguma força superior a nós que determina a nossa ação?

O nosso comportamento foi, é, e sempre será responsabilidade nossa. Seremos nós que responderemos pela qualidade de nossas ações. Ou seja, o Universo, sem julgamento, envia respostas às nossas ações.

A resposta do Universo será determinada pela qualidade de nossas ações! Veja a seguinte tabela:

Nossas ações	Resposta do Universo
Ações enfraquecedoras	Dor
Ações boas	Nenhuma
Ações excelentes	Boas
Ações geniais	Excelentes

Com a parábola dos talentos, Jesus demonstra que "àquele que muito tem, muito será dado; mas àquele que nada tem, o pouco que tem ser-lhe-á tirado".

De fato, na parábola, o dono da terra distribuiu um talento para cada empregado. Depois se ausentou para uma longa viagem. Na volta, ele perguntou aos empregados o que tinham feito com os talentos.

Um deles mostrou que havia apenas preservado o talento que havia ganhado. Outro mostrou que tinha multiplicado o presente por dez. O senhor das terras, então, tomou o talento daquele que tinha um e deu para o que tinha dez. O que tinha um ficou sem nada e o que tinha dez ficou com onze.

A princípio, esse conceito me parecia injusto. Mas retrata bem o comportamento do Universo. Pense bem: independente de nossas intenções, o que realmente importa é o resultado de nosso comportamento. Com a melhor das intenções, criticamos nossos empregados para que eles produzam mais e melhor. A crítica ácida acaba irritando nossos colaboradores. Eles se desestimulam, perdem o interesse pelos clientes. Com isso, o resultado, em vez de melhorar, piora.

Observe novamente a tabela acima. Uma ação enfraquecedora (crítica ácida) resulta em dor (rendimentos reduzidos).

No nosso ser físico notamos claramente a aplicação dessa lei. Se comermos demasiadamente à noite, teremos dificuldade para dormir e, no dia seguinte, nosso corpo estará indisposto, causando-nos mal-estar físico. Se dirigirmos alcoolizados e batermos o carro, nos machucamos, e aparece a dor. Enfim, ações enfraquecedoras causam dor física ou moral.

O ser humano, depois de sentir a dor, busca evitá-la e parte para o desenvolvimento pessoal. Estuda mais, busca amizades mais evoluídas, dedica-se com mais afinco ao auto-aperfeiçoamento.

A pessoa investe mais em si mesma e, depois de muita dedicação, consegue atingir o patamar das ações boas. É como se ela tivesse subido dez degraus na escala do desenvolvimento pessoal, torna-se uma pessoa boa. O que os bons recebem do Universo? Nada!

Por quê? Porque ser bom é o esperado. Quando somos bons, não estamos fazendo nada mais além de nossa obrigação.

Descobrimos isso e partimos para investimentos cada vez mais significativos em nosso próprio desenvolvimento. Subimos mais dez degraus na escala do auto-aperfeiçoamento. Nossas ações passam, então, a ser excelentes; e o resultado, bom (verifique na tabela).

Isso porque o Universo não dá saltos, do nada ele passa para o bom, não para o excelente. Se quisermos respostas excelentes do Universo, devemos produzir ações geniais, extraordinárias. Para isso, precisamos de mais investimento em nós mesmos. Mais estudo, mais aprimoramento, mais dedicação e, principalmente, mais consistência.

Aí está o segredo, para passarmos das ações excelentes para as geniais, precisamos de subir apenas um degrau na escala do desenvolvimento pessoal. Esse degrau é o da consistência. Conseguimos os melhores resultados, resultados excelentes, quando produzimos ações geniais. A genialidade nada mais é do que a excelência internalizada.

Quando produzimos ações excelentes, independente dos desafios e quando a excelência acompanha nossos pensamentos, nossas palavras e nossas ações, aí sim, nos tornamos verdadeiros gênios. São os gênios que recebem os resultados excelentes do Universo.

Mas, infelizmente, a maioria das pessoas chega ao patamar do bom e se estaciona nesse nível, aguardando respostas excelentes. Essas respostas jamais virão. É preciso mais entrega, mais consistência, mais perseverança, mais garra.

Então, voltando à sua pergunta. Como parar para pensar?

Quando tomamos consciência desse paradigma, fica mais fácil parar. Buscamos parar e pensar antes de reagir a qualquer situação adversa. De fato, é raro encontrarmos situações que exijam respostas imediatas.

Podemos pedir um tempo para refletir e depois dar a resposta. Essa resposta será diferente daquela dada no calor de uma discussão.

O nosso comportamento foi, é, e sempre será responsabilidade nossa. Seremos nós que responderemos pela qualidade de nossas ações.

Como utilizar a Genialidade nos relacionamentos?

Alguns dizem que somos responsáveis por aqueles que amamos — outros sabem que somos responsáveis por aqueles que nos amam.

Nikki Giovanni

Como melhorar as paqueras? Dê-nos uma dica para nos tornarmos um Don Juan.

O namoro é uma metáfora usada para muitos relacionamentos. Um executivo que busca emprego numa empresa de prestígio diz que está namorando aquela empresa. Uma pessoa que deseja morar em determinado prédio diz que está namorando aquele prédio. Alguém que deseja um certo automóvel também se refere ao seu desejo como um namoro. Um vendedor que está prestes a fechar um grande negócio diz que o namoro com o cliente está quase se transformando em casamento.

Namoramos tudo: empregos, residências, carros, bolos de chocolate, férias em locais paradisíacos e até mesmo outras pessoas. A paquera se refere ao namoro romântico, à conquista amorosa de um outro ser humano. É algo que podemos cultivar desde que haja sinceridade em nosso coração.

A sinceridade de propósito fortalece nossas chances de sucesso em qualquer atividade. A paquera é basicamente um processo de comunicação. Quanto mais hábil você for na comunicação com as outras pessoas, melhor será sua habilidade de paquerar.

SUA PAIXÃO É SUA FORÇA!

A comunicação ocorre primordialmente através da congruência pessoal. Congruência é pensar, falar e agir em uma direção só. Congruência é estar por inteiro naquilo que se faz. Essa consistência interna passa através de nossa postura, de nossas feições, da nossa tonalidade de voz, da forma com que nos vestimos e das palavras que proferimos.

Há pessoas que conquistam o mundo. Outras são rechaçadas até pelos cães. Qual é que faz a diferença?

Acredito que o grande diferencial esteja no coração. A pessoa que deseja sinceramente colaborar com os demais, que tem prazer em ajudar os outros, consegue também, mais cedo ou mais tarde, realizar seus próprios sonhos.

A sua pergunta foi feita no sentido da paquera amorosa e eu acho que o mesmo princípio se aplica. O rapaz consegue sucesso com a moça de seus sonhos quando busca realizar os sonhos dela. Quando ele escuta mais do que fala, pode descobrir o que é que ela gosta de fazer, onde gosta de ir, sobre o que gosta de conversar, o que gosta de comer, se gosta de música erudita ou de rock etc.

Muitos namoros começam hoje pela Internet. Os internautas descobrem primeiro as tendências da outra pessoa, depois decidem se gostariam ou não de paquerar aquela pessoa. A paquera pode então se transformar em namoro e o namoro em relacionamento duradouro. Para que o relacionamento dure, é preciso que haja um cultivo daquela energia que um dia motivou o namoro. É preciso ser um eterno namorado.

Quanto a se transformar em Don Juan, eu acho que ser um Don Juan é uma boa metáfora para o sucesso. Existem Don Juans em todas atividades da vida. Eu gostaria de usar a figura do Don Juan como daquela pessoa que conquista e mantém relacionamentos saudáveis em sua vida pessoal e nos negócios.

O Don Juan da vida amorosa simboliza aquela pessoa que ainda não encontrou seu par ideal ou que não encontrou a si própria. Em geral, quando as pessoas encontram a "outra metade", ou encontram a si próprias, arrefecem a ânsia de buscar novos relacionamentos.

Mas acho interessante que todos nós cultivemos aquela parte de nós que é um verdadeiro Don Juan. O Don Juan que cativa e busca agradar seus familiares, seus amigos e seus clientes.

> *A paquera se refere ao namoro romântico,*
> *à conquista amorosa de um outro ser humano.*
> *É algo que podemos cultivar desde que haja*
> *sinceridade em nosso coração.*

Como é que a energia sexual do ser humano pode produzir ou inibir a genialidade? O senhor conhece algo sobre o Tantrismo?

Tenho em minhas mãos o livro de Charles e Caroline Muir, *Tantra –The Art of Conscious Loving* (Tântra – A Arte de Amar Conscientemente). A palavra Tantra, originária do hindu, se refere a meditações, disciplinas e rituais sexuais.

De acordo com os autores, o estudo dessa disciplina, que relaciona a sexualidade com a espiritualidade, pode incrementar o desenvolvimento das pessoas em várias áreas. O estudo e a prática do Tantra pode aumentar o prazer sexual, assim como pode estimular o crescimento espiritual, contribuindo para o sucesso nos negócios.

Os relacionamentos atualmente tendem a durar pouco. Mais da metade dos casais nos Estados Unidos se separam. Nesse contexto de instabilidade, as pessoas parecem desejar e valorizar relacionamentos duradouros.

As pessoas buscam por um compromisso que envolva aspectos espirituais, físicos, emocionais e materiais. Homem e mulher buscam por um apoio mútuo, por uma relação de companheirismo. Eu acredito que a pessoa que consegue esse tipo de relacionamento com o sexo oposto poderá ter melhores condições de crescimento e desenvolvimento de sua genialidade natural.

A sexualidade do ser humano é uma força extraordinária. Quando canalizada para os aspectos criativos e positivos da vida, pode fazer uma enorme diferença. Uma pesquisa realizada nos Estados Unidos demonstrou que um dos fatores citados pelos milionários como extremamente relevante para o sucesso nos negócios foi o apoio recebido pela esposa ou pelo esposo.

A vida a dois se torna mais agradável quando, além de compartilharmos um lar com a esposa ou esposo, dividimos também o esforço no mundo dos negócios.

Quando eu era criança, meus pais possuíam uma loja de roupas e ali trabalhavam juntos. Ao ver as fotos de minha infância, noto que muitas delas foram tiradas dentro da loja. A loja era uma extensão do lar. Ali ficava concentrada a energia do casal. Enquanto a minha mãe estava viva, meu pai foi um grande sucesso nos negócios. Depois da morte dela, parece que sua energia, a sua entrega aos negócios diminuiu.

Aqui, no meu escritório, eu desfruto do apoio constante e da dedicação da Regina, minha esposa. Isso faz a diferença para o nosso sucesso empresarial.

Eu acho que, mesmo quando a esposa ou o esposo não está diretamente envolvido em nosso negócio, só o apoio incondicional deles pode exercer uma grande influência positiva. Esse relacionamento harmônico e dinâmico entre os sexos, eu acredito, pode estimular a genialidade. O combustível desse relacionamento é a paixão que o homem sente pela mulher e vice-versa.

Nesse aspecto, o amor tântrico pode ajudar. As técnicas tântricas intensificam a entrega sexual entre o casal e reacendem o fogo da paixão. De acordo com os médicos, esse amor apaixonado faz bem para o nosso sistema imunológico e aumenta a produção de endorfinas. As endorfinas são os chamados hormônios do prazer. Uma vez liberados, produzem sensações maravilhosas.

Ômar Souki

A pessoa que se sente de bem com a vida tem mais chances de incrementar sua criatividade e alcançar metas mais ambiciosas. Você talvez esteja curioso para saber o que o Tantra tem de tão especial. A prática tântrica inclui um maior compromisso com a vida sexual do casal. Faz com que o sexo seja levado a sério, tão a sério quanto certos casais levam a religião. Em outras palavras, o sexo é transformado em adoração.

Os praticantes do Tantra tratam suas esposas como verdadeiras deusas. E as mulheres consideram seus esposos como deuses. Esse endeusamento do parceiro faz com que o relacionamento sexual se torne mais satisfatório. Além disso, faz com que a pessoa se comprometa com a plena realização do parceiro como um ser humano feliz.

O relacionamento harmônico e dinâmico entre os sexos, eu acredito, pode estimular a genialidade. O combustível desse relacionamento é a paixão que o homem sente pela mulher e vice-versa.

Quais são os caminhos essenciais para ser um líder?

Uma vez disseram a um executivo que ele teria de desenvolver seu espírito de liderança para subir na empresa. Ele então saiu a perguntar a vários especialistas sobre qual era a essência da liderança. Mas não ficou satisfeito com as respostas que recebia.

Foi até às melhores universidades e conversou com professores ilustres. Mesmo assim não ficou feliz com as respostas. Havia algo faltando, mas ele não sabia o que era. Entretanto, precisava saber, e rápido, como poderia tornar-se um líder.

Quase no desespero, resolveu consultar um guru indiano de reconhecida sabedoria. Mas o guru lhe disse que só poderia explicar-lhe o que era a liderança quando ele viesse acompanhado de um seguidor.

Ele então perguntou ao guru se podia levar alguns dos funcionários que estavam sob sua responsabilidade. Mas o guru insistiu: "Não! Tem de ser um seguidor". O executivo saiu triste e desapontado. Pensou que jamais poderia entender a essência da liderança, pois não possuía seguidores.

Os anos se passaram. Ele, então, voltou ao guru com sua filhinha de três anos. Lá chegando, o guru pegou a menina e colocou-a no colo. E então lhe perguntou: "Por que você trouxe a sua filha?".

Ele respondeu: "O senhor me pediu que trouxesse um seguidor. Ela me segue por todo lado. Se vou à cozinha, lá está ela. Se vou ao banheiro, lá está ela. Por onde ando, ela também vai".

O guru, então, retrucou: "Por que ela lhe segue com tanto fervor?".

O executivo pensou um pouco e disse: "Eu acho que é porque ela me ama!".

O guru fez mais uma pergunta: "Por que ela o ama?".

Desta vez, o executivo demorou mais a responder. Depois de pensar bastante, arriscou: "Eu acho que é porque eu a amo".

Depois de escutar essa resposta, o guru pegou a criança e devolveu-a ao pai, fazendo o seguinte comentário: "Agora você já sabe tudo o que eu poderia ter-lhe ensinado sobre liderança".

Assim são os grandes líderes. Eles amam seus seguidores. E, por outro lado, possuem seguidores porque são capazes de amá-los.

Ao estudar a vida de Bill Gates (Microsoft), do Comandante Rolim (TAM), de Walt Disney (Walt Disney Corp.), de Salim Mattar (Localiza), de Ted Turner (CNN) e de Elizabeth Pimenta (Água de Cheiro), cheguei à conclusão de que esses líderes e gênios empresariais possuem sete características fundamentais.

Eles possuem um grande senso de *iniciativa*. Entregam-se de corpo e alma aos seus projetos independentemente do que os outros dizem. Independente do governo ou da situação econômica. Eles acreditam e fazem. Não esperam acontecer. Fazem acontecer!

Têm uma *missão* quase que impossível. São capazes de propor-se grandes desafios e dar conta do recado.

São *criativos*. Pensam em termos de possibilidades. Se as coisas não funcionam de uma forma, tentam coisas diferentes. Tentam até conseguir os resultados desejados. Os desenhos de Walt Disney foram rechaçados pelos jornais de Kansas City. Não desistiu, começou a desenhar para o jornalzinho de sua igreja. Criou uma possibilidade, onde não parecia haver nenhuma.

Possuem grande facilidade de *comunicação*. Sabem escutar as outras pessoas e o mercado. Conseguem captar o que as pessoas e o mercado necessitam. Sabem comunicar-se com seus clientes na linguagem deles.

Desenvolveram a habilidade de *agir com eficácia*. Fazem as coisas mais importantes primeiro. Isto é, têm um senso de prioridade. Fazem a seguinte pergunta a si próprios: "O que estou realizando está em harmonia com o meu objetivo superior de vida?".

São verdadeiros *dínamos de energia*. Conseguem motivar as outras pessoas, pois são profundamente apaixonados pelo que fazem. A energia deles vêm do comprometimento total e absoluto com suas respectivas obras.

E, por último, cultivam a *congruência*. Pensam, falam e agem na mesma direção. Executam aquilo que acreditam e seus valores estão alinhados com suas missões. Todas as suas partes remam na mesma direção.

Portanto, cultivando a *iniciativa*, o *senso de missão*, a *criatividade*, a *comunicação*, a *ação eficaz*, a *energia pessoal* e a *congruência*, estaremos, você e eu, nos preparando para trilhar o caminho da liderança pessoal e empresarial.

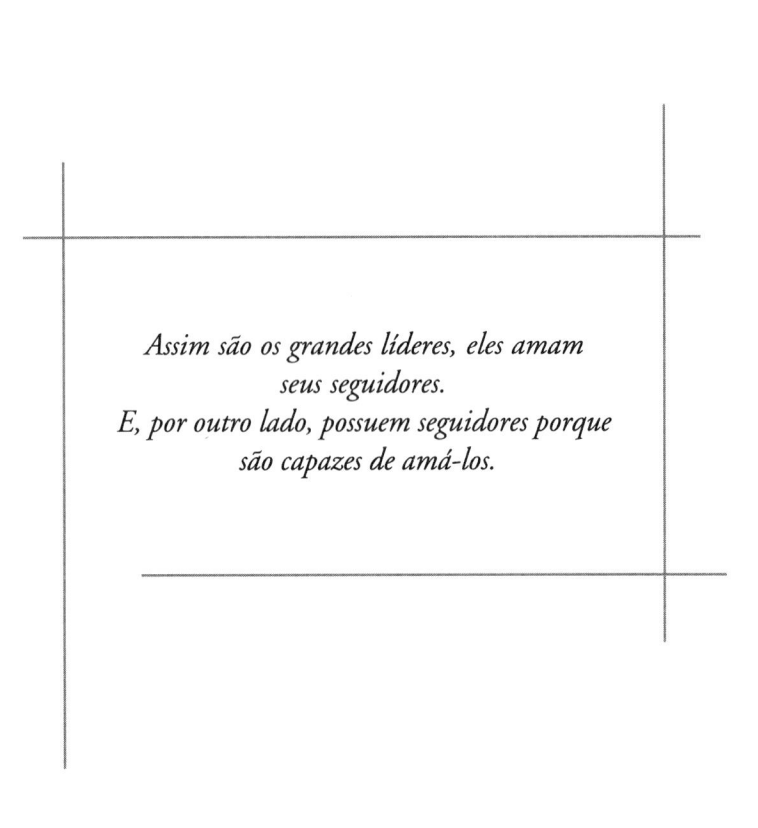

*Assim são os grandes líderes, eles amam seus seguidores.
E, por outro lado, possuem seguidores porque são capazes de amá-los.*

Como usar a emoção para aumentar a minha Genialidade?

A verdadeira virtude não é triste nem antipática, mas amavelmente alegre. A alegria ilumina o nosso caminho da felicidade. Desejo que você esteja sempre contente, porque a alegria é parte integrante de seu caminho.

José Maria Escrivá

A emoção pode atrapalhar a concentração?

A emoção ajuda a concentração. A pessoa emocionalmente envolvida no que está fazendo consegue concentrar-se melhor. Quando a pessoa adora o que faz, ela produz um hormônio cerebral chamado noradrenalina. Foi constatado que a noradrenalina facilita o crescimento das hastes neuronais que, ao se encontrar, formam as sinapses, base de toda a percepção.

Portanto, é altamente recomendável que a pessoa se emocione com o que faz, como eu me emociono ao poder responder esta pergunta para você. A emoção faz com que façamos as coisas com mais entusiasmo, com mais dedicação, com mais alegria e com mais amor. Enfim, tudo feito com emoção fica mais fácil.

Mas eu acho que a sua pergunta foi feita em outro sentido. Acredito que você quer saber se alguém que passou por uma experiência emocionalmente carregada pode, logo depois, concentrar-se nos estudos, ou no trabalho, por exemplo.

Nesse sentido, a emoção pode atrapalhar a concentração. A emoção é mais poderosa que a razão. Mesmo que o razoável seja concentrar-se, a pessoa não consegue porque está sob o impacto daquela experiência.

Suponhamos a seguinte situação. Você está com grande expectativa de receber um móvel novo em sua casa. É uma bela sala de jantar, com acabamento em madeira marfim. Está tudo marcado para chegar na segunda-feira. Você até já convidou alguns amigos para jantar com você na terça, com o objetivo de estrear a mobília.

Logo de manhã, na segunda, você liga para a loja, com grande expectativa, pois já planejou tudo. De fato, esta será uma semana especial. Imagine sua frustração ao ser informada que haverá um atraso de uma semana na entrega. A fábrica teve um excesso de pedidos e seu estoque de madeira marfim se esgotou.

Depois de receber essa notícia, você tenta ler um livro importante sobre *marketing*, mas a concentração lhe foge. A irritação é tal que, volta e meia, você se pega pensando no ocorrido. Você se pergunta por que foi escolher justamente aquela loja entre tantas na cidade. Os pensamentos assaltam sua cabeça e você se distrai a todo momento.

Nesse caso, sim, a emoção atrapalha a concentração. A emoção não quer que você se concentre no livro, mas quer que você resolva a questão do móvel. A frustração e a raiva que você sente têm a intenção positiva de estimular a ação.

Embora essas emoções estejam incomodando você, no fundo, a intenção é boa. Enquanto você não fizer alguma coisa, tais emoções estarão a incomodá-la, a empurrá-la para a ação.

Antes de agir, porém, é importante sair um pouco. Caminhar e respirar ar fresco. Isso diminuirá o seu envolvimento emocional e facilitará a tomada de decisões. Após o passeio, você estará pronta para agir.

Você liga para a loja e pede que entreguem uma sala de jantar semelhante à que você encomendou, pois você precisa honrar o compromisso com seus amigos. Depois eles fazem a troca pelo pedido original.

Assim a questão fica solucionada. A intensidade emocional fica, então, consideravelmente diminuída. Agora, sim, você pode voltar à leitura do livro, pois terá recuperado a sua concentração. Será mais fácil envolver-se emocionalmente com a tarefa. Será mais fácil se entusiasmar pelo aprendizado.

É importante enfatizar que as emoções têm uma intenção positiva. A emoção vem para motivar-nos a agir, a solucionar uma questão. Se a questão não for solucionada, o mal-estar emocional permanecerá.

> *A emoção ajuda a concentração. A pessoa emocionalmente envolvida no que está fazendo consegue concentrar-se melhor.*

Qual é a relação que existe entre o Q.I. (Quociente de Inteligência) e o Q.E. (Quociente Emocional)?

O quociente de inteligência (Q.I.) refere-se à capacidade lógica e verbal da pessoa e o quociente emocional (Q.E.) à sua habilidade de usar as emoções com inteligência.

Essas capacidades estão localizadas em áreas diferentes do cérebro. As habilidades lógicas e verbais estão do lado esquerdo e as emocionais e intuitivas do lado direito.

Desde a revolução industrial, por volta de 1850, tem-se enfatizado o uso da pesquisa e da análise, assim como da linguagem. O modo de produção capitalista tem seu foco primordial na quantidade, na produção em massa. Por isso, depende de raciocínio lógico para chegar à maximização de resultados. Também depende da capacidade de comunicação para divulgar e distribuir produtos.

Portanto, as habilidades mais enfatizadas nas escolas são relacionadas com o uso do hemisfério esquerdo do cérebro, ou seja, a matemática e a expressão verbal.

Hoje em dia existe uma maior consciência da necessidade de equilíbrio. É preciso equilibrar o uso da razão com o uso da emoção e da capacidade de síntese. É salutar harmonizar o uso de ambos os hemisférios cerebrais.

Há uma valorização crescente da habilidade de se relacionar melhor com as outras pessoas em casa e no trabalho. Isso porque o trabalho em equipe demonstrou produzir mais resultados do que o trabalho do indivíduo em separado. As grandes descobertas da ciência são, agora, não o resultado do esforço de um pesquisador solitário, mas da dedicação de grupos de pesquisa.

A habilidade de lidar bem com os outros é agora tão valorizada quanto um belo currículo. Às vezes, de nada vale um currículo impressionante se a pessoa não consegue relacionar-se bem com seus colegas de trabalho.

O Q.E. passou, assim, a desempenhar um papel fundamental no atual contexto, no qual existe uma grande ênfase na qualidade dos produtos e serviços. Para se conseguir produzir algo de excelência é preciso de espírito de equipe. Isso só se consegue através de pessoas que tenham elevada habilidade emocional.

Pesquisa recente realizada pela empresa Saad Fellipelli, com 522 empresas, descobriu que 87% das organizações estão dispostas a demitir profissionais por causa de problemas de comportamento e não por questões de competência.

A competitividade atual depende mais de espírito de equipe do que do trabalho do gênio solitário. De fato, os gênios empresariais, como Bill Gates (Microsoft), Anita Roddick (The Body Shop), Ted Turner (CNN), Fred Smith (FedEx), Constantino Júnior (Gol), Salim Mattar (Localiza), Luiza Helena Trajano (Magazine Luiza) etc., são justamente pessoas com um enorme Q.E., isto é, com facilidade de aglutinar e motivar pessoas.

Thomas Stanley, autor do livro *The Millionaire Next Door* (Meu Vizinho Milionário), durante sua pesquisa, colheu vários depoimentos de empresários extremamente bem-sucedidos. Um deles declarou: "Eu penso que o sucesso realmente depende das situações nas quais você se envolve e das pessoas que conhece. Ninguém consegue ser bem-sucedido por si só. O sucesso depende dos relacionamentos que desenvolvemos com as pessoas que nos rodeiam. Por toda a minha vida, eu tive pessoas que ajudaram a melhorar a minha situação".

O ideal é, portanto, buscar desenvolver tanto a inteligência lógica quanto a emocional. Um equilíbrio saudável entre os dois hemisférios cerebrais é o segredo para uma vida mais produtiva e mais feliz.

> *Pesquisa recente realizada pela empresa Saad Fellipelli, com 522 empresas, descobriu que 87% das organizações estão dispostas a demitir profissionais por causa de problemas de comportamento e não por problemas de competência.*

O que é mais forte, a emoção ou a razão?

O que você acha ser mais importante: a sua emoção ou a sua razão? Quando em conflito, para que lado você tende, o da razão ou o da emoção?

Em questões de escolha profissional, mais cedo ou mais tarde a emoção acaba ganhando. Suponhamos que você escolha trabalhar com algo que não gosta só porque vai ganhar mais. Em vez de trabalhar com turismo, que é a sua paixão, vai para um banco onde, como gerente, pode ter rendimentos maiores.

Passam-se os anos e a idéia do turismo o persegue, porque é lá que está o seu coração. A insatisfação com o banco pode crescer e sua produtividade pessoal pode decair devido a falta de motivação. Um belo dia, você não agüenta mais e pede demissão. Se esperou muito, pode até já ter debilitado sua saúde e estar doente. A insatisfação intensa pode causar sérias doenças.

Caso resolva contrariar a razão, e decida trabalhar no que gosta, mesmo ganhando menos, sentirá mais satisfação pessoal, mais alegria no trabalho. À medida que você investe mais no turismo, torna-se mais produtivo, e pode chegar a ganhar mais do que ganhava antes.

A emoção é o nosso combustível, a nossa energia. Quando a razão escolhe por algo que contradiz a emoção, então perdemos o gás, a motivação para seguir em frente.

No campo profissional é aconselhável escolher algo que amamos fazer, mesmo que a princípio não seja tão lucrativo assim. Continuando com o exemplo do turismo, talvez montar uma pequena agência de turismo vá dar-lhe menos rendimentos e mais trabalho do que o cargo de gerente de banco.

No começo, sim, mas, com o tempo, o seu entusiasmo, o seu amor pelo que faz, estimulará você a trabalhar mais e melhor. Depois de alguns anos poderá estar superando-se em termos pessoais e empresariais.

Thomas Stanley, na obra *The Millionaire Mind* (A Mente do Milionário), diz que a maioria dos milionários faz algo que gosta muito de fazer. Para isso, eles descobrem os seus pontos fortes e fracos, pesquisam seus gostos. Quando a pessoa faz o que ama, ela reforça sua auto-estima e acaba ganhando mais dinheiro.

No momento da escolha da profissão, é importante escutar a emoção. Uma vez decidido o caminho a tomar, uma vez entregue àquilo que mais o apaixona, é importante usar a razão para manter o foco, mesmo durante as crises.

As crises, às vezes, podem desorientar a pessoa e fazê-la duvidar. Faz algo que ama, mas encontra dificuldades pelo caminho. Isso é provável que aconteça, pois o nosso crescimento, inexoravelmente, encontra desafios e resistências internas e externas.

George Lucas nos aconselha a encontrar algo que amemos de tal forma que sejamos capazes de "arriscar mais, saltar sobre os obstáculos e arrebentar as paredes de tijolos que serão sempre colocadas em nossa frente. Se você não tem esse tipo de sentimento pelo que está fazendo, você irá parar diante do primeiro desafio".

Nos momentos de desespero e fraqueza, então entra a razão. Nesses momentos é essencial que se escute a razão e não a emoção. A emoção de raiva pode dizer para você largar tudo e tentar algo novo, mas a razão manterá a direção e insistirá para que você permaneça no caminho escolhido.

No campo dos relacionamentos, isso também é válido. Quantas vezes somos salvos pela razão? Nossa vontade é a de agredir verbal ou corporalmente a uma pessoa querida durante um momento de ira, mas a razão segura a nossa boca ou o nosso braço. Nesses casos, a razão nos poderá poupar muitos problemas e dissabores.

Outras vezes, estamos para fazer algo que, momentaneamente, nos poderá dar enorme prazer, mas que, no longo prazo, poderá representar nossa ruína. Por exemplo, hoje cedo a cama estava tão apetitosa, tão agradável e aquela satisfação de permanecer por mais tempo ali era muito forte.

A emoção dizia: "Fica mais um pouco aqui, tá tão gostoso!". A razão dizia: "Levanta logo e vai fazer a sua caminhada, é muito melhor pra sua saúde!". Agora que estou aqui, na frente do computador, respondendo a essa pergunta com energia e entusiasmo, sou grato à razão, que me sacudiu da cama.

Apesar de toda a força da emoção, se você pesquisar em sua vida, irá descobrir vários momentos em que foi auxiliado pela razão. Em certas ocasiões, devemos reforçar o poder da emoção. Em outras, devemos escutar a razão.

Creio que emoção e razão são como as duas asas do pássaro. Ele precisa das duas para voar bem. Você e eu, também, precisamos, em certos momentos, seguir o coração e, em outros, a cabeça.

Apesar de toda a força da emoção, se você pesquisar em sua vida, irá descobrir vários momentos em que foi auxiliado pela razão. Em certas ocasiões, devemos reforçar o poder da emoção. Em outras, devemos escutar a razão.

Como desenvolver a Genialidade nos estudos?

*Um grão de ouro é capaz de dourar uma grande
superfície, mas não tão grande quanto
um grão de sabedoria.*
Henry Thoreau

Meu filho não se concentra nos estudos. Como proceder para melhorar essa situação?

Nós, pais, nos preocupamos pelo desempenho de nossos filhos. Desejamos o melhor para eles e, seguramente, quando saem bem nos estudos nos dão grande alegria.

Tenho quatro filhos: Oliver, Gabriel, Igor e Erik. O mais velho, Oliver, agora com 22 anos, não é muito fã dos estudos. Mas sempre se saiu bem nos esportes, especialmente no ciclismo, sendo campeão do Oeste de Minas e do Estado de Ohio, nos Estados Unidos.

Já o Gabriel, que tem 21 anos, gosta de estudar. Gosta de tirar boas notas e tem o ideal de tornar-se engenheiro mecânico. Igor, com quatro, e Erik, com dois anos, adoram a escolinha, mas isso não garante que gostarão de estudar no futuro.

Voltando ao meu filho Oliver, ele conseguiu passar de ano até formar-se no ensino médio. Agora está na universidade cursando educação física. Seu sonho é montar um negócio na área de esportes. Ele quer comercializar produtos para o ciclismo. Organizou uma equipe de ciclismo e conseguiu o patrocínio de uma empresa. Mandou fazer uniformes para sua equipe, que também comercializa para terceiros.

Oliver tem uma grande habilidade para o comércio. Às vezes sente-se tentado a dedicar-se inteiramente ao mercado e abandonar os estudos. Quando ele está negociando, sua atenção é máxima, sua dedicação, total. Sua satisfação pessoal é enorme.

Eu acredito que ele se sairá bem nos negócios. Mesmo assim, acho vantajoso ele concluir a universidade. Caso essa alternativa de um diploma universitário se torne inviável, eu o apoiarei em sua escolha. O fato de ele ter concluído o segundo grau, já me deixa mais tranqüilo.

Se um filho ainda não terminou o ensino médio, seria interessante que o fizesse, para depois escolher uma profissão e começar a trabalhar. Acredito ser importante concluir, pelo menos, o ensino médio, e isso pode ser feito com relativa facilidade, sem muita dor de cabeça.

O ensino médio dará as ferramentas necessárias para um mínimo de comunicação verbal e escrita. E essa habilidade é necessária em qualquer profissão que ele venha a escolher.

Depois de concluído o ensino médio, enquanto ele estiver exercendo uma profissão técnica, no comércio ou em área de sua preferência, terá tempo para amadurecer e refletir se realmente quer ficar sem o estudo universitário.

O ideal é conseguir concluir a universidade, pois, na era da informação em que vivemos, precisamos cada vez mais de instrução ou da habilidade de obter conhecimento rapidamente. Várias pessoas, depois de trabalhar por alguns anos, sentem a necessidade de estudar mais. Voltam, então, para a universidade e se dedicam, pois descobriram, por conta própria, o valor dos estudos.

No entanto, acho que não se deve forçar o filho a estudar. Isso poderá ter um efeito contrário, fazendo com que ele aumente a sua resistência aos bancos escolares. Poderá, isso sim, ajudá-lo, por exemplo, com aulas particulares, nas matérias em que ele tem maiores dificuldades. Na minha opinião, aconselho a que, pelo menos, o ensino médio seja concluído. Depois, a universidade será uma opção dele.

Várias pessoas, depois de trabalhar por alguns anos, sentem a necessidade de estudar mais. Voltam, então, para a universidade e se dedicam, pois descobriram, por conta própria, o valor dos estudos.

Como posso conseguir concentrar-me no vestibular?

Como conseguir concentrar-me para responder à sua pergunta? Essa é a pergunta que eu me faço neste momento. Eu estava há pouco respondendo a algumas cartas maravilhosas que recebi de meus leitores e agora passei para a sua pergunta.

Os pensamentos e as emoções da atividade anterior ainda entram e saem de minha casa mental. A concentração não vem facilmente. Preciso decidir o que vou responder à sua pergunta e que a sua resposta será dada, independente de outros pensamentos ou interrupções.

Eu preciso, antes de tudo, decidir o que vou responder para que eu possa realmente desempenhar essa tarefa satisfatoriamente. Sem a minha decisão inequívoca, nada acontece.

Portanto, eu penso que, para se concentrar nos estudos é preciso, antes de tudo, querer muito.

Eu me lembro de minha adolescência. Realmente, não era fácil concentrar-me em meus estudos e, ao mesmo tempo, pensar nos momentos agradáveis que havia passado com minha namorada no fim-de-semana. Os livros permaneciam abertos em minha frente, mas meu pensamento resgatava as experiências deliciosas dos dias passados em agradável companhia. Eu me pegava sonhando.

Eu me esforçava para não pensar em minha namorada. Mas quanto mais esforço eu fazia, mais nítida, mais clara, mais bela se tornava a imagem dela em minha cabeça. Parecia até que, durante os momentos dedicados ao estudo, ela tinha um encontro marcado com minha mente. Mais ainda: a lembrança da experiência parecia ser superior à própria experiência.

O meu esforço para ficar livre da lembrança fazia com que ela se tornasse mais atraente. Incrível, não é mesmo? Acontece isso com você?

As distrações, naquela época, me eram muito comuns. Eu acabava sucumbindo a elas e agarrava o telefone e ligava para minha amada. Eu tinha a doce ilusão de que, ligando para ela, eu ficaria mais aliviado e, depois, teria cabeça para os estudos.

Que nada. Aí é que eu ficava com mais saudades ainda e que a vontade de estudar desaparecia por completo.

Na época, o recurso que eu adotava era a ginástica. Eu ia até uma academia e malhava intensamente. Depois de uma boa chuverada, eu me sentia mais disposto a estudar para o vestibular. Eu me assentava à mesa e estudava com prazer.

Hoje eu entendo melhor o recurso que eu, na época, utilizei intuitivamente. Quando temos certos pensamentos insistentes, uma mudança fisiológica pode ajudar a mudar o padrão mental.

A mudança fisiológica era a ginástica. O ato de malhar fazia com que o padrão cerebral fosse alterado. O exercício físico induz o cérebro a produzir endorfinas, que aumentam o nosso vigor, a nossa alegria, o nosso entusiasmo.

Com o cérebro carregado de endorfinas a energia para a concentração era outra. Por isso, ficava mais fácil estudar. Mesmo que você não goste de ginástica, pode adotar essa estratégia. Em vez de malhar, pode sair para uma caminhada. Isso o ajudará a oxigenar o seu cérebro e estimulará a produção de endorfinas.

Outro ponto importante a lembrar é a decisão. É preciso estar comprometido com os estudos. Estar decidido que o estudo irá acontecer agora, ou mais tarde, mas que estudar, você vai.

Você estuda ou estuda. Não deixa opção para o seu cérebro. Pela manhã, à tarde, ou à noite, ou no dia seguinte. De uma forma ou de outra, o estudo vai acontecer.

É mais ou menos como eu estou escrevendo esta resposta. Eu tinha várias distrações em minha mente, mas eu já me havia decidido que hoje pela manhã eu responderia à sua pergunta. Essa decisão ocorreu ontem, antes de eu me deitar.

Eu disse para mim mesmo: "Amanhã cedo eu vou responder a mais uma pergunta de meus leitores".

Acordei cedo, fiz a minha caminhada e vim animado para o escritório. Mas, ao chegar aqui, eu me deparei com algumas cartas e fui logo respondendo antes de chegar à sua pergunta. As cartas foram a distração.

Depois que as respondi, os pensamentos já estavam indo em outra direção: "Preciso ligar para fulano", "ciclano solicitou uma carta de apresentação" etc.

Ainda bem que eu já tinha feito a decisão de que essa pergunta seria respondida hoje pela manhã e essa decisão permaneceu. Mesmo depois de começar a responder a pergunta, tive algumas interrupções (do telefone), mas voltei a me concentrar.

Outras coisas que me ajudam a manter esse estado de concentração são a música clássica e a água. Em geral, escrevo escutando música clássica, portanto, eu associo a música à atividade de escrever. Por exemplo, neste momento eu estou escutando Mozart, o primeiro movimento de Eine Kleine Nachtmusik (Uma Pequena Música Noturna). Também coloco um copo de água ao meu lado. De vez em quando, bebo um pouco de água. Isso ajuda a associar mais ainda a atividade de escrever a coisas suaves, leves, como a música clássica e a água.

Dessa forma, usando essas estratégias, mesmo tendo pensamentos dispersivos em minha mente, foi possível retomar a concentração e responder à sua pergunta.

Repetindo: Antes de querer concentrar-se, é necessário preparar o ambiente mental através da decisão inequívoca, da mudança de estado mental (ginástica ou caminhada) e de associações a experiências agradáveis (música e água).

É preciso estar comprometido com os estudos. Estar decidido que o estudo irá acontecer agora, ou mais tarde, mas que estudar, você vai.

Tenho observado que as crianças que são mais inteligentes que as outras, costumam ter problemas de disciplina. Como contornar essa situação?

Meu filhos Igor (4 anos) e Erik (2 anos) são muito curiosos. Fazem coisas que podem ser consideradas como problemas de disciplina. Quando Igor tinha dois anos, pegou dois exemplares de meu livro, ***Emoção é Poder***, que tem a minha foto na capa, e rabiscou a capa e a contracapa com caneta esferográfica.

Ele fez isso, justamente quando eu estava viajando. Quando eu retornei, fiquei chateado de ver os livros estragados, mas por outro lado pensei: "Que será que Igor quis dizer-me ao rabiscar essas capas, justamente em cima de meu rosto?

Acho que aquela foi a forma que ele encontrou de dizer que sentia a minha falta. Em vez de achar ruim com ele, eu o compreendi. Afinal, ele tinha apenas dois aninhos e precisava de atenção. O mesmo processo ocorre com crianças maiores. Quando aparece um problema de disciplina, é porque a criança precisa de mais atenção. Muitas vezes, é a carência de afeto que leva o menino, ou a menina, a se comportar de forma agressiva.

Independente do desenvolvimento da inteligência, o desconforto, tanto na criança quanto no adulto, tende a produzir um comportamento mais agressivo. Talvez as crianças com um Q.I. mais elevado possam descobrir formas mais eficazes de chamar a atenção dos adultos.

Pode também ser que, como são mais inteligentes, sejam também mais exigentes. Se as coisas não lhes agradam, elas encontram formas de manifestar seu desconforto, sua insatisfação. Não se acomodam, não deixam que uma situação desconfortante permaneça inalterada.

Os grandes gênios foram também revolucionários. Jesus Cristo trouxe uma nova compreensão sobre os relacionamentos humanos. Ele substituiu a lei do "olho por olho, dente por dente" pela lei do perdão e do amor.

Karl Marx, insatisfeito com a exploração abusiva do trabalhador no século passado, sugeriu um outro tipo de sociedade, mais igualitária. As teorias de Marx, quando colocadas em prática, não surtiram os efeitos esperados, mas conseguiram diminuir o grau de exploração que existia antes.

Albert Einstein mudou nossa forma de ver o mundo. Antes de Einstein, pensava-se que as leis que regem o universo fossem mecânicas e imutáveis. Ele descobriu o princípio da relatividade. Mostrou que tudo depende do ponto de vista do observador.

Uma criança mais atrevida pode, portanto, ser justamente aquela que produzirá os melhores resultados quando adulta. Por isso, é necessário atenção especial para não podarmos pela raiz o aparecimento da genialidade. A curiosidade das crianças deve ser estimulada através de visitas a ambientes diferentes e do contato com diversos tipos de pessoas. Isso pode ocorrer através de passeios a fazendas, visitas ao zoológico e viagens a outras cidades, outros estados, outros países etc.

A energia aparentemente destrutiva pode ser canalizada para que possa produzir resultados altamente positivos. Eu acredito que, quanto mais compreensão e carinho a criança encontrar no lar e na escola, mais feliz e produtiva ela será.

Quando aparece um problema de disciplina é porque a criança precisa de mais atenção. Muitas vezes, é a carência de afeto que leva o menino, ou a menina, a se comportar de forma agressiva.

Como fazer para desenvolver melhor o cérebro de uma criança que é muito distraída na escola?

Walt Disney também era muito distraído na escola e o mesmo ocorria com Albert Einstein. Ambos, na vida adulta, se destacaram como exemplos máximos da genialidade humana.

O fato da criança ser distraída não é, necessariamente, uma indicação de que está menos desenvolvida. Pode ser que ela não tenha interesse naquele assunto, mas que se interesse por outros. É importante observar a criança brincando. Como é que ela brinca? Pode ser que se concentre bastante nos momentos de interação lúdica com outras crianças. Isso é um sinal de que está bem desenvolvida.

Bill Gates disse que aprendeu mais a interagir com outras pessoas enquanto jogava pôker do que com os professores e com os livros. Isso porque, durante o jogo, ele tinha a oportunidade de observar seus colegas e se comunicar com eles de uma forma que era mais semelhante ao que ocorre na vida real.

O desenvolvimento do cérebro ocorre através de estimulação. Lawrence Katz e Manning Rubin, autores da obra *Mantenha o Seu*

Cérebro Vivo, afirmam que, assim como podemos manter o nosso bem-estar físico através de exercícios, também podemos manter o bem-estar mental através da neurobiótica.

A neurobiótica é uma síntese de descobertas sobre o funcionamento do cérebro. Constitui-se de exercícios simples que têm o objetivo de manter o cérebro apto e flexível. Essa nova ciência usa os cinco sentidos de maneira criativa para aumentar o impulso natural do cérebro de fazer associações entre diferentes tipos de informações.

A neurobiótica sugere que brinquemos com novas possibilidades para executar tarefas costumeiras. Por exemplo, se somos destros, podemo-nos empenhar em usar a mão esquerda para escrever. Assim conseguimos ativar uma vasta rede de conexões cerebrais do lado direito do cérebro (por que a parte esquerda do corpo é comandada pelo lado direito), que antes era pouco usado.

De acordo com Lawrence Katz e Manning Rubin, "para se destacar dos eventos cotidianos normais e fazer seu cérebro entrar em alerta, uma atividade deve ser excepcional, divertida, despertar suas emoções, ou ter um significado pessoal".

Quais são as atividades atuais dessa criança que são excepcionais, divertidas, despertem suas emoções ou que tenham um significado pessoal para ela? Talvez o contato com novos brinquedos, o aprendizado de um instrumento musical, uma visita a um parque, o encontro de novas amizades ou o aprendizado de outra língua possam estimular essa criança a concentrar mais sua atenção.

O fato da criança ser distraída não é, necessariamente, uma indicação de que está menos desenvolvida.
Pode ser que ela não tenha interesse naquele assunto, mas que se interesse por outros.

Dentro de nossa modernidade, onde é que vamos encaixar os novos gênios?

Quanto mais descobertas fazemos, mais sabemos que existe por descobrir. O ser humano não se cansa de deslumbrar-se com a vastidão e a complexidade do Universo.

Houve uma época em que todos os livros publicados na Terra cabiam dentro de uma só biblioteca. Naquele tempo uma pessoa podia possuir um conhecimento universal e saber muito de várias áreas. Hoje isso não é mais possível, pois a quantidade de informação produzida é astronômica. Mas ainda é possível tornar-se gênio em uma área específica.

Temos tantos exemplos recentes: Walt Disney (entretenimento), Bill Gates (informática), Ted Turner (comunicação), Pavarotti (ópera), Portinari (pintura), Chico Xavier (espiritualidade), Pelé (esportes), Irmã Dulce (caridade), Michael Dell (computadores), Jorge Amado (literatura) etc.

Quanto mais vasto é o conhecimento da humanidade, maior é a possibilidade da utilização do talento dos gênios. Por isso, mais gênios aparecem.

SUA PAIXÃO É SUA FORÇA!

Eu nasci em 1948. Depois dessa época, o mundo mudou. Apareceram os aviões a jato, a televisão, o computador, as viagens espaciais, o fax, o microcomputador, o forno a microondas, o videocassete, o compact disc (CD), a engenharia genética, o telefone celular, o laser, a Internet, a televisão DVD (digital video disc) etc.

Cada uma dessas áreas é um novo universo de conhecimento e um enorme campo de aplicação para a curiosidade dos gênios. Vamos tomar como exemplo a televisão.

Somente nessa área, imagine a quantidade de gênios que podem ser empregados. A parte técnica da televisão exige um verdadeiro exército de talentos para estar sempre se aprimorando. Continua crescendo. Depois da televisão em preto e branco, surgiu a TV em cores e agora a HDTV (high definition television) e o DVD (digital video disc).

Passemos para a parte de transmissão e programação. As grandes redes empregam uma verdadeira multidão de engenheiros, técnicos, administradores, especialistas em produção digital, escritores, diretores, artistas etc.

Além disso, existem as escolas de comunicação dentro das universidades. Também empregam uma quantidade enorme de pessoas talentosas. São os administradores, os técnicos, os professores etc. Mais ainda, são produzidos livros sobre o tema e para essa produção de conhecimento, mais empregos são gerados.

Somente nessa área do conhecimento, quanta gente trabalha. Quantos gênios têm a oportunidade de desenvolver seus talentos.

A capacidade criativa do ser humano é tão ilimitada quanto o próprio universo. Aliás, nosso próprio cérebro é um universo em miniatura. Portanto, os novos gênios serão facilmente absorvidos por um mundo em evolução constante.

*Quanto mais vasto é o conhecimento da humanidade, maior é a possibilidade da utilização do talento dos gênios.
Por isso, mais gênios aparecem.*

Como desenvolver uma didática Genial?

O sábio que não diz o que sabe, é como a nuvem que passa e não traz chuva.

Provérbio árabe

Ômar Souki

Gostaria que o senhor desse uma dica para um professor que está montando cursos de matemática e química para um cursinho de vestibular.

A dica é torná-los interessantes para você. Quando eu planejo meus cursos de *marketing* ou de motivação e desenvolvimento pessoal, busco divertir-me. Quanto mais interessantes os cursos são para mim, mais interessantes se tornarão para as outras pessoas. Coloco no programa alguns exemplos de aplicações práticas ou histórias relacionadas com os temas.

Como seu tema é matemática, eu recomendo a leitura do livro, **O Homem Que Calculava**, de Malba Tahan. Mesmo que as histórias do livro não se refiram exatamente ao tema tratado, podem oferecer um momento de relaxamento durante a aula e torná-la mais interessante.

A química apresenta a oportunidade para falar sobre pessoas como Lavoisier e Madame Curie. Ao estudar as fórmulas e combinações, é sempre importante colocar um pouco da vida dos pesquisadores e do contexto histórico em que viviam.

Além de tornar a aula mais dinâmica e vibrante, a informação sobre os grandes gênios e a época em que viviam enriquece o conteúdo e facilita a memorização dos diversos tópicos abordados.

Outra dica importante é estimular o trabalho em grupo, a parceria entre os alunos. Esses trabalhos dão oportunidade para as pessoas conversar, interagir, e isso estimula o envolvimento.

Quando a pessoa está em um grupo, em geral ela fica motivada a dar mais de si, a produzir mais. O trabalho com os outros colegas é motivante, tornando a aula mais divertida.

Outra coisa que estimula muito os alunos é a competição. Quem acabar o exercício em primeiro lugar ganha ponto extra. O mesmo para quem fizer o relatório mais caprichado, apresentar uma prova mais limpa e legível, terminar a prova primeiro etc. Para mim, essas três são as melhores maneiras de motivar: exemplos práticos, trabalhos em grupo e gincanas. Existem outras maneiras também, como a apresentação de um maior número de audiovisuais e *flip-chart*.

Finalmente, quanto mais interessado você está em um determinado tópico, mais fácil é motivar os alunos.

Além de tornar a aula mais dinâmica e vibrante, a informação sobre os grandes gênios e a época em que viviam enriquece o conteúdo e facilita a memorização dos diversos tópicos abordados.

Não estou conseguindo bons resultados com meus alunos. Como posso melhorar a minha genialidade como professora?

O primeiro passo para crescer mais é reconhecer que ainda há espaço para vôos mais altos. Isso causa uma insatisfação positiva que nos leva a aceitar a possibilidade de mudança.

O fato de você reconhecer que não está conseguindo os resultados desejados com seus alunos é altamente positivo. Isso lhe proporciona a motivação e a inspiração para investir tempo e energia em novas abordagens didáticas.

Eu comprei dois vídeos chamados Magic English para meu filho Igor, quando ele tinha dois anos. Os vídeos se destinam ao aprendizado do inglês. Você talvez se espante: "Como é que uma criança de dois anos pode prestar atenção a um vídeo didático?".

Não só prestava atenção. O Magic English era e, ainda é, o vídeo favorito de Igor. Gosta mais desse vídeo do que do Tarzan, da Cinderella, da Alice, do Hércules, do Aladdin etc.

Como é possível tal fenômeno? O vídeo Magic English é mais dinâmico e mais divertido que os outros vídeos de histórias infantis. As palavras e frases em inglês são apresentadas de maneira lúdica por personagens dos desenhos de Disney. Os personagens estão sempre brincando, cantando ou viajando por lugares exóticos.

Interessante que, justamente por ser algo destinado a motivar as pessoas a aprender inglês, a equipe Disney caprichou nos recursos audiovisuais. Produziu um vídeo que consegue superar o roteiro, a movimentação, o colorido, enfim, a magia das outras produções. Está aí mais uma grande lição do saudoso Walt Disney.

Se você deseja que as pessoas prestem mais atenção àquilo que tem a dizer, faça-o de forma lúdica.

Por exemplo, antes de minhas aulas de *marketing* na universidade, eu ministro um relaxamento. Você pode perguntar, como já me perguntaram, várias vezes: "Que é que *marketing* tem a ver com relaxamento?".

Eu respondo: "Tem tudo a ver. *Marketing* é o encantamento do cliente, portanto meu propósito é não só atender às expectativas de meus alunos, mas também superá-las".

Depois do relaxamento, o aprendizado se acelera, porque a mente se tranquiliza. Busco com que meus alunos aprendam mais, mais rápido. O tempo que eu invisto no relaxamento, eu recupero em harmonia, atenção redobrada, aprendizado prazeroso, enfim, melhores resultados.

É preciso coragem, pois, no começo, fui muito criticado. Fui objeto de gozações por parte de colegas mais sisudos. Mas, agora que as pessoas estão percebendo os resultados, estão encantadas. Imagine, alunos de outras turmas vêm até à minha sala só para o relaxamento e depois voltam para suas respectivas salas, mais tranquilos e energizados.

Depois desse resultado extraordinário, a pedido de meus alunos e alunas, eu produzi o CD Relax.

O CD Relax tem dado excelentes resultados em sala de aula e também fora da escola. Muitas pessoas usam para diminuir a ansiedade, o estresse, a irritabilidade, as preocupações etc.

Esse é apenas um dos recursos que utilizo para melhorar o aproveitamento de meus alunos. Enquanto leciono, coloco um fundo de música clássica. De preferência uso Vivaldi, Bach ou Mozart, composições com intensa utilização de cordas.

Outro recurso é a aeróbica mental. Quando percebo que os alunos estão-se cansando, eu peço que se levantem e que façam exercícios com os braços, movimentando-os de baixo para cima. Também peço que se coloquem em fila indiana e massageiem as costas uns dos outros.

Fica tudo mais divertido, mais gostoso de se aprender, não só *marketing*, mas qualquer outra matéria poderá beneficiar-se dessas técnicas simples, mas extremamente eficazes.

No fim, os alunos nem percebem que a aula terminou. Em resumo, toda a experiência de aprender e de ensinar fica mais leve, mais gostosa, muito mais interessante para mim e para os estudantes. E os resultados, são simplesmente extraordinários!

Se você deseja que as pessoas prestem mais atenção àquilo que tem a dizer, faça-o de forma lúdica.

Como ser, ao mesmo tempo, um escritor genial e um conferencista extraordinário?

A genialidade é produto da ação. Para ser um escritor genial, é preciso escrever com freqüência. Da mesma forma, para ser um conferencista extraordinário, é necessário estar sempre ministrando palestras e cursos.

Quando a pessoa se interessa por um campo de atividade, e deseja desenvolver ao máximo as suas competências, ela cria oportunidades para estar sempre se exercitando. É o exercício contínuo que trás a mestria.

O que motiva as pessoas ao exercício é a paixão. A pessoa que escreve muito, escreve porque gosta. A pessoa que fala em público com freqüência, fala porque gosta. A atividade provoca prazer. Esse prazer faz com que a pessoa deseje estar constantemente desempenhando a atividade que a transformará em um verdadeiro gênio naquele campo.

Imaginamos, em geral, que precisamos de determinadas condições para escrever bem. De fato, um ambiente agradável, com música clássica ao fundo ajuda, e muito. É mais fácil organizar os pensamentos quando a paz existe dentro e fora de nós.

Neste momento, eu escrevo em uma sala tranqüila, tendo ao fundo a Suíte Orquestral nº 3 em D maior de Johann Sebastian Bach. A iluminação é suave e meu estado interior é de paz. Realmente, não tenho nada mais em minha mente a não ser a resposta a esta pergunta.

Estou disponível. Estou completamente entregue a Deus. Peço a Ele que responda a pergunta através de minha pessoa. Neste momento eu me torno o canal através do qual a Força Divina pode manifestar-se.

Tenho um copo de água ao meu lado. Faço minhas reflexões a respeito do tema em questão, enquanto escuto a música agradável de Bach e bebo goles de água de vez em quando. Assim, a inspiração parece fluir mais fácil.

No caso de conferências, quando me preparo, procuro produzir o mesmo tipo de ambiente enquanto leio os assuntos a ser ministrados.

Procuro imaginar o ambiente no qual vou falar. Vejo com clareza de detalhes o auditório cheio de gente e a vibração do ambiente. Vejo o palco e imagino que todo o ambiente está inundado de luz.

Escuto as coisas que falo e percebo a reação no rosto das pessoas. Sinto a satisfação geral com a condução do evento e imagino as palmas estridentes no final do evento. Com esse tipo de preparação, as coisas fluem mais fácil. Eu sinto mais confiança no que escrevo e no que falo.

Nem sempre tenho esse tipo de ambiente. Mas o ímpeto para escrever é tal, que preciso colocar as palavras no papel, independente do que está acontecendo à minha volta. Para mim, isso é uma prova de minha vocação, de minha vontade de comunicar-me através da palavra escrita e falada.

Alguns autores, na apresentação de seus livros, dizem como foi difícil produzir sua obra. Eu reconheço que escrever exige dedicação. Mas, no meu caso, francamente, o prazer de escrever supera, em muito, as dificuldades. Meus livros são escritos com prazer, portanto eu acho fácil escrever.

Depois que entro nesse estado propício à atividade de escrever, as horas passam céleres, enquanto eu converso com meus leitores. Eu sei que estas palavras serão lidas por muitas pessoas. Por milhares de pessoas. Talvez por milhões.

É, justamente, essa certeza que me motiva a escrever. Fico feliz de poder estar falando com tantos irmãos e irmãs de todo o mundo. Também, me alegro quando recebo, por telefone, carta ou *e-mail*, os comentários eufóricos daqueles que foram influenciados por minhas palavras.

Sinto que estou fazendo uma diferença no mundo quando escrevo e quando ministro minhas conferências. Estou ajudando a construir um mundo melhor: mais otimista, mais alegre, mais feliz, mais amigo, mais cheio de amor.

É um prazer enorme escrever e falar para grandes públicos quando se tem a certeza de que as pessoas sairão melhor daquela experiência. Quando se tem a convicção de que a mudança é altamente positiva.

Portanto, eu acredito que o combustível da genialidade é a paixão. E essa paixão vem do prazer de ver as pessoas transformadas.

Sinto que estou fazendo uma diferença no mundo quando escrevo e quando ministro minhas conferências. Estou ajudando a construir um mundo melhor: mais otimista, mais alegre, mais feliz, mais amigo, mais cheio de amor.

Sou professora de inglês e trabalho com empresários. Como posso estimular os alunos a crescer na vida?

Observe uma criança brincando. Ela está fazendo o que gosta e o faz intensamente. Observe um jardineiro cuidando de um jardim. Ele parece estar completamente entregue ao que faz. Observe uma cozinheira preparando um prato delicioso. Ela se entrega de corpo e alma.

São tarefas simples: o brincar, o plantar, o cozinhar. Mas a satisfação é enorme.

Quando eu era criança, eu não queria crescer. Eu gostaria de poder brincar para sempre. Os adultos me diziam que, quando eu crescesse, precisaria estudar e depois trabalhar. Falavam de tal forma que tudo parecia tedioso. Parecia um sacrifício. Para piorar as coisas, um sócio de meu pai nos dizia que tinha dó das crianças, pois elas precisavam estudar. Eu então achava que estudar era algo penoso.

Meus primeiros anos de escola foram duros. Mas depois, tomei gosto pelos estudos e jamais parei de aprender. Aprendo com os professores, com os alunos, com os livros, com as pessoas e com a vida. Eu acho que o ser humano foi projetado para aprender e, o aprender, pode tornar-se sua maior diversão.

Agora sei que, enquanto brincava, eu estava aprendendo. Estava exercitando a minha imaginação criativa. Pegava nos carrinhos e imaginava que eu era o motorista. Dirigia por estradas bonitas, que só existiam em minha mente. Viajava para terras distantes e me encontrava com pessoas interessantes.

O jardineiro, quando está plantando, já vê o jardim todo florido em sua mente. Vê o maravilhoso colorido das flores e das rosas e sente o perfume de seu jardim. Ele e o seu jardim são uma só coisa.

A cozinheira, ao preparar um prato delicioso, já imagina o que as pessoas sentirão, o que pensarão e as coisas que falarão sobre sua comida. Ela sente o profundo prazer de fazer os outros felizes.

Quando eu cheguei em minha sala, eu tive o ímpeto de escrever e de responder a esta pergunta. Mas pensei: "E as outras coisas, e as outras pendências a resolver?". Mas nada nesse mundo me podia deter. Havia uma força superior me induzindo a escrever, a colocar as idéias para fora. Algo irresistível e apaixonante que me liga à expressão das idéias, à reflexão. Algo que me leva a vencer os desafios mentais.

Enfim, esse é o meu brinquedo favorito. O resto pode esperar. Eu descobri o meu brinquedo favorito. A recompensa que eu tenho é o enorme prazer, a infinita satisfação de escrever. De me expressar.

"Busque em primeiro lugar o Reino de Deus e a sua glória e todas as outras coisas virão por acréscimo", disse o Divino Mestre. Esse reino existe dentro de cada um de nós. Ao encontrá-lo, encontramos a glória. Depois disso, as outras coisas começam a acontecer.

Penso que a resposta para sua pergunta está aí. Nós, professores, devemos passar para nossos alunos essa firmeza de que, o que eles fizerem, devem fazer de coração. Somente essa entrega total fará com que encontrem esse reino dentro deles. Esse reino de prazer, de satisfação pessoal e de abundância infinita.

Para fazer as coisas com o coração é importante descobrir o que toca as nossas emoções mais profundas. É importante respeitar as nossas tendências naturais.

O papel do professor é, portanto, justamente este: o de incentivar a pessoa a se respeitar e a respeitar suas aptidões pessoais. Com essa aceitação, ela se entrega ao que faz. Faz muito e faz com gosto. Enfim, torna-se imbatível em sua profissão.

> *"Busque em primeiro lugar o Reino de Deus e a sua glória e todas as outras coisas virão por acréscimo", disse o Divino Mestre. Esse reino existe dentro de cada um de nós. Ao encontrá-lo, encontramos a glória. Depois disso, as outras coisas começam a acontecer.*

Como criar oportunidades com a Genialidade?

O nosso destino é modificado pelos nossos pensamentos. Seremos o que desejamos ser quando os nossos pensamentos habituais corresponderem aos nossos desejos.
Machado de Assis

A genialidade está ligada à oportunidade que as pessoas têm?

Usamos a palavra oportunidade para definir fatores externos à nossa pessoa. Quando pensamos em oportunidade é como se estivéssemos pensando em sorte. Pensamos em algo que nos acontece. "Se eu tiver a oportunidade, farei isso e aquilo." "Não pude encontrar-me com você agora, mas surgirão outras oportunidades."

Será que oportunidade é algo realmente externo a nós? Ou será que nós criamos as oportunidades?

Quando meu pai era criança, no interior de Minas, ele era pobre, muito pobre. Seus pais não tinham dinheiro nem para comprar sapatos para ele. Nessa época, conhecia alguns meninos ricos que zombavam dele. Eles tinham boa casa para morar, boas roupas e sapatos novos nos pés.

Apesar de todas as dificuldades e de todas as faltas de oportunidades, meu pai mudou-se do interior para Belo Horizonte, onde trabalhou de condutor de bonde, de servente de pedreiro e de garçom. Sempre trabalhando, jamais teve a oportunidade de estudar.

Parece que para ele as oportunidades jamais surgiriam. Mesmo assim, ele buscava sempre. Mudou-se para Montes Claros, onde foi contratado como administrador de um trecho da estrada de ferro. Começou a prosperar e, a ferro e fogo, conseguiu economizar algum dinheiro.

Com suas economias, montou uma venda em São José dos Salgados, localidade perto de Divinópolis. Melhorou um pouco mais de vida e mudou-se para Divinópolis, onde montou outra loja e casou-se com minha mãe.

Quando eu nasci, ele já era um comerciante próspero com sociedade em várias empresas. Não cheguei a conhecer meu pai como uma pessoa pobre, mas ele tinha orgulho de descrever suas origens humildes.

Uma vez, ele chegou em casa comovido. Disse que um dos meninos ricos de sua infância tinha vindo pedir-lhe emprego. Aquele menino, agora homem feito, estava em situação difícil e precisava de sua ajuda. Justamente aquele que zombava dele na infância.

Meu pai estendeu a mão àquela pessoa, que no passado o tinha feito sofrer. As posições se inverteram, mas nem por isso meu pai aproveitou-se para humilhá-lo. Pelo contrário, fez de tudo para que ele pudesse prosperar.

Justamente aquele menino que tivera tantas oportunidades, filho de família abastada e que podia ter-se transformado em um gênio, aparecia novamente na vida de meu pai. Aquele que teve tantas "oportunidades" as perdeu e aquele que não tinha nenhuma chance, criou "oportunidades" e venceu.

Volto a perguntar: "Será que oportunidade é algo que acontece com a gente ou é algo que a gente cria?".

Acredito que nós criamos as oportunidades. Oportunidade não é algo que acontece fora de nós, mas algo que conquistamos com a nossa vontade de vencer. Quanto maior a vontade, maiores serão as oportunidades que iremos criar.

Salim Mattar, gênio empresarial, presidente da Localiza, a maior locadora de carros da América Latina, é um outro exemplo de pessoa que não esperou por oportunidades.

Ômar Souki

O advogado de Salim contou-me que quando a Localiza estava ainda engatinhando tinha dificuldades em pagar os anúncios das páginas amarelas. Salim, então, pediu a ele que o acompanhasse para negociar a dívida. O gerente da empresa deixou-os esperando na antesala por muito tempo e quando os atendeu foi grosseiro.

Os anos se passaram e a Localiza cresceu. Salim e sua equipe criaram as oportunidades e a empresa expandiu-se dentro e fora do Brasil. Um belo dia, Salim recebeu uma ligação da portaria dizendo que ali estava uma pessoa que precisava vê-lo com urgência. Salim perguntou quem era e ficou surpreso ao saber que era o mesmo gerente que o havia destratado anos atrás.

O gerente estava ali à procura de emprego. Salim fez questão de descer de sua sala e ir até a portaria para recebê-lo. Convidou-o para subir até a presidência e resolveu o problema daquele gerente desempregado.

Tanto meu pai quanto Salim souberam criar as suas oportunidades. Mesmo quando visitados pela adversidade, souberam responder com altruísmo e elegância. São exemplos de pessoas que não esperaram que as coisas acontecessem. Eles fizeram acontecer.

Em suma, embora tenhamos a impressão que oportunidade é algo externo, na verdade é algo que nós mesmos criamos através de trabalho intenso, dedicação e perseverança.

Acredito que nós criamos as oportunidades. Oportunidade não é algo que acontece fora de nós, mas algo que conquistamos com a nossa vontade de vencer. Quanto maior a vontade, maiores serão as oportunidades que iremos criar.

Como podemos saber se estamos tomando uma decisão consciente ou se estamos apenas seguindo um impulso?

Essa pergunta foi feita por um estudante universitário através do telefone. Ele depois detalhou sua situação por carta. Havia tentado por quatro vezes o vestibular para farmácia, e falhado. Estava pensando em mudar para jornalismo, curso que também o atraía bastante.

Ele me disse que gostava mais do jornalismo, mas achava que o curso de farmácia poderia trazer-lhe mais estabilidade financeira. A indagação principal desse estudante era: "Será que devo continuar tentando farmácia ou deixar-me levar pelos desafios do jornalismo?".

Quando a vida nos apresenta dois caminhos, em geral nos sentimos sós na hora da decisão. Parece que todo mundo some. Sentimo-nos abandonados. Sentimos que aquele problema é só nosso e que ninguém jamais passou por semelhante prova.

Por mais que tenhamos o conhecimento intelectual de que, todos nós, independente de raça, religião ou posição social, somos freqüentemente confrontados por opções desafiadoras, na prática, sentimos que estamos sós. Que isso só acontece com a gente. Que para os outros é mais fácil.

Eu, quando mais jovem, achava que a minha vida era mais difícil que a de outros colegas. Por exemplo, meu colega, Cláudio Neves, morava perto do Colégio Santo Antônio, em Belo Horizonte, na Rua Pernambuco. Para ele, era só dar alguns passos e lá estava, dentro da escola.

Para mim, o Cláudio deveria ser a pessoa mais feliz do mundo. Isso porque eu tinha de morar no pensionato dos franciscanos. Minha família ficava em Divinópolis, no interior de Minas, e eu só os via de vez em quando. Eu pensava: "Sim, o Cláudio é que é feliz, almoça e janta com seus pais".

Tudo isso se passava dentro de minha jovem mente de 16 anos. Mas hoje eu sei que eu era, e ainda sou, uma pessoa privilegiada. Desfrutei de uma educação primária e secundária de primeiríssima linha, e depois estudei comunicação nos Estados Unidos. Sinto-me apto a escrever livros que podem contribuir para a felicidade de outras pessoas. Mas, naquela época, eu me achava muito só.

Voltando à pergunta básica: "Como podemos saber se estamos tomando uma decisão consciente ou se estamos apenas seguindo um impulso?". Ao ler essa pergunta, eu pensei: "Eu também gostaria de saber a resposta para essa pergunta, que pergunta interessante!".

A maioria de nós quer saber exatamente isso. E a resposta, à queima-roupa, que recebemos de nossos parentes e amigos é, em geral: *"ouça o seu coração"*. Essa resposta é tão comum que tendemos a descartá-la. Mas, recentemente, eu tive uma experiência que me sugeriu que talvez seja essa a melhor atitude.

Momentos antes do lançamento de meu livro **Emoção é Poder**, em Brasília, eu me preparava para o evento, durante o qual eu iria proferir uma palestra. Em meu quarto, no Hotel Nacional, percebi que, ao lado da cama, havia uma Bíblia.

Minha intuição me disse que eu deveria abrir aquele livro em busca de inspiração. Foi o que fiz. Abri a Bíblia aleatoriamente.

Para minha grata surpresa, meus olhos repousaram em uma passagem que tinha tudo a ver com aquele momento. Era um instante mágico entre eu e o mais profundo de meu ser. Eu queria falar algo que tocasse as pessoas e ali, dentro da Bíblia, eu encontrei algo extraordinário.

Os doutores da lei interrogavam a Jesus. Eles perguntavam ao Divino Mestre: "Dentre todos os mandamentos, qual é o mais importante?".

A resposta era difícil e ao mesmo tempo fácil. Era difícil devido à sua transcendência e à forma desafiadora em que foi proposta "qual era o maior de todos os mandamentos?". E também era fácil porque os mandamentos da lei de Moisés vieram enumerados de 1 a 10, portanto, o primeiro deveria ser o mais importante.

Como tudo que é profundo na vida é simples, a resposta certa era também a mais simples. "O primeiro mandamento, aquele que diz que você deve amar a Deus sobre todas as coisas, é o mais importante", respondeu Jesus.

E foi além, descrevendo detalhadamente como deve ser esse amor. *"Você deve amar o Senhor, seu Deus, com todo o seu coração, com toda a sua alma, com todo o seu entendimento e com todas as suas forças."*

Ao ler essa passagem, eu me comovi e pensei: "Será porque o Divino Mestre colocou o coração antes da alma?".

Eu estava prestes a fazer uma palestra sobre a importância das emoções e ali, bem diante de meus olhos, encontrava uma sugestão de que o coração era algo importantíssimo. A colocação do coração antes da alma não poderia ter sido aleatória. Como não foi aleatória a ordem escolhida para os mandamentos. Deveria haver uma razão profunda para que o coração aparecesse antes que a alma.

Depois de refletir sobre o assunto, eu senti o toque da revelação. Sim, enquanto estivermos dentro de um corpo material, o coração é a nossa principal conexão com a própria alma. Em suma, é o símbolo físico da alma. Representa nossa bússola, porque é através dele que a alma se comunica conosco. É através de nossas emoções que a alma transmite suas mensagens para nós.

SUA PAIXÃO É SUA FORÇA!

Daquele momento em diante, eu passei a dar mais importância ao conselho, tão simples e tão profundo, que escutamos com freqüência: "Escute o seu coração".

O seu coração, isto é, seus sentimentos mais sinceros, devem orientar os seus passos.

O questionamento do estudante era sobre a opção entre a farmácia e o jornalismo. Sugeri que ele perguntasse ao seu coração, qual desses dois cursos ele amava mais. O coração dele teria uma resposta inequívoca. Falaria a verdade. Aliás, o coração é a nossa verdade!

Prosseguindo com aquela passagem bíblica. Outra coisa que me chamou a atenção foi o fato de Jesus ter colocado, explicitamente, as quatro dimensões humanas. Colocou para nós, já há dois mil, exatamente o que somos: Coração (dimensão emocional), Alma (dimensão espiritual), Entendimento (dimensão mental) e Força (dimensão física).

Para atingirmos o equilíbrio e a felicidade, é preciso cuidar, portanto, dessas quatro dimensões de nossa existência. Se alguma delas for privilegiada, haverá desequilíbrio. Com uma simples resposta, o Divino Mestre nos trouxe grandes ensinamentos.

Daquele momento em diante, eu passei a dar mais importância ao conselho, tão simples, mas tão profundo, que escutamos com freqüência: "Escute o seu coração".

A genialidade, com o tempo, se mantém, diminui ou pode aumentar?

A genialidade das pessoas depende do envolvimento emocional que elas têm com o que fazem. É esse envolvimento que estimula a disciplina necessária para produzir algo genial. A genialidade depende mais de disciplina do que de talento. Talento muitos têm, mas disciplina é algo mais raro. Essa disciplina vai depender da intensidade do desejo e da entrega pessoal.

Ray Bradbury, famoso escritor norte-americano, diz que, para se tornar um escritor, a pessoa deve escrever todo dia, durante todos os dias de sua vida. Isso requer, não só disciplina, mas paixão. Ele disse que desde os 11 anos era apaixonado pelos livros.

Comigo ocorreu algo semelhante. Quando eu tinha 12 anos, ganhei uma enciclopédia chamada *O Tesouro da Juventude*, na qual havia uma sessão intitulada *Homens e Mulheres Célebres*. Essa sessão era habitada pelos gigantes da história: Einstein, Shakespeare, Freud, Cervantes, Pasteur, Joana D'Arc, Madame Curie, Santos Dumont, Picasso, Borges etc. E eu me apaixonei pela história de suas vidas.

Cedo, eu aprendi que o brilho das obras de Pablo Picasso, pintor, e de Jorge Luiz Borges, escritor, não diminuiu com o passar do tempo, pelo contrário, aumentou. Picasso e Borges são exemplos de pessoas que viveram muito e apaixonadamente entregues às suas obras.

Enquanto dura essa entrega, dura a genialidade. Eu acredito que a força por trás da genialidade é a determinação de realizar um sonho. Mais do que o intelecto, é a vontade apaixonada do ser humano que produz a genialidade. Portanto, o gênio não depende da idade mas, sim, da vontade, da paixão.

Alex Haley escreveu o *best-seller* **Raízes**. Seu primeiro emprego foi como cozinheiro da Guarda Costeira norte-americana. Nas horas vagas, escrevia cartas de amor sob encomenda. Os marinheiros pagavam um dólar a página e as cartas surtiam um grande efeito para os marinheiros. Suas namoradas, após receberem as lindas mensagens, faziam uma festa ao vê-los desembarcar.

Haley descobriu, assim, sua verdadeira paixão: a carreira de escritor. Seria um escritor, mesmo que isso lhe custasse a própria vida. Um escritor, amigo dele, disse que Haley tinha pouco talento natural, mas que escrevia algo todos os dias, lia muito sobre a arte de escrever e nunca desistiu de seu sonho.

Haley tinha dentro dele uma história que queria contar para o mundo. Era a história de seus antepassados negros. A narrativa havia sido passada para ele por sua avó e por suas tias, quando ele era ainda criança. Era algo que ele achava que precisava ser escrito.

Pediu ajuda a um amigo, e este o apresentou a um agente literário em Hollywood. A pessoa gostou da idéia de publicar um livro sobre a história da família de Haley. Além disso, sugeriu a produção de uma minissérie na televisão sobre as origens negras desse escritor.

Haley entregou-se totalmente ao grandioso projeto. Depois de anos de pesquisa e trabalho, concluiu o livro, que ganhou o maior prêmio literário norte-americano, o Pulitzer Prize. Depois o texto foi transformado em uma série televisiva e tornou-se a história mais vista do mundo.

A vida de Alex Haley reforça a minha crença de que a paixão e a disciplina falam mais alto do que o talento. O gênio humano é despertado por essa vontade indômita de fazer mais e melhor. Portanto, independente da idade ou da profissão, podemos despertar a nossa genialidade. Além disso, podemos também mantê-la e aumentá-la como o passar do tempo, se estivermos dispostos a pagar o preço da disciplina.

Na copa do mundo de futebol de 2002 tivemos uma demonstração de que a genialidade não diminui com o tempo. O técnico Cesare Maldini, com seus 70 anos de idade, conseguiu classificar a equipe do Paraguai. O jornal *O Estado de S. Paulo*, de 14 de junho de 2002 fez o seguinte relato:

"A memorável classificação do Paraguai para as oitavas-de-final da Copa de 2002, que neste sábado enfrentará a Alemanha, muito tem a ver com o trabalho do experiente treinador italiano Cesare Maldini. O técnico ainda comemora a vitória da sua equipe sobre a Eslovênia por 3 a 1. 'Foi uma das maiores alegrias da minha vida pelo fato de que passamos do inferno às estrelas em menos de meia hora', garantiu. 'Acredito que dei ao Paraguai um pouco de meu caráter e de minha filosofia futebolística: nunca se render e acreditar na vitória até o fim, com serenidade e disciplina', considerou o técnico de 70 anos, que disputou 347 jogos pelo Milan, onde conquistou quatro títulos italianos e uma Copa da Europa. Maldini começou como técnico-assistente em 1971 no Milan e foi segundo treinador da seleção da Itália entre 1980 e 1986".

"Na Copa do Mundo de 98 Maldini conduziu a Itália até as quartas-de-final, quando a seleção perdeu da França nos pênaltis. No comando da seleção paraguaia, Maldini considera que passar para as oitavas-de-final já justificou a sua participação. 'Estou orgulhoso do nosso desempenho e acredito ter honrado o meu contrato. Tudo o que conquistarmos a partir de agora será lucro'".

É importante destacar as palavras desse técnico que, com seus 70 anos, conseguiu levar a equipe paraguaia a memoráveis vitórias: "Acredito que dei ao Paraguai um pouco de meu caráter e de minha filosofia futebolística: nunca se render e acreditar na vitória até o fim, com serenidade e disciplina".

Essas considerações podem ser aplicadas também a outros desafios da vida: "Nunca se render e acreditar na vitória até o fim, com serenidade e disciplina". É justamente a crença na vitória que atrai o sucesso.

> *A força por trás da genialidade é a determinação de realizar um sonho. Mais do que o intelecto, é a vontade apaixonada do ser humano que produz a genialidade. Portanto, o gênio não depende da idade mas, sim, da vontade, da paixão.*

Eu tenho a tendência de encarar situações novas dizendo que não vou conseguir e que não vai dar certo. Como vencer isso? Como controlar a negatividade?

Quando você diz, "não vou conseguir", "não vai dar certo", você está dando comandos negativos para o seu cérebro. Com esses comentários negativos você enfraquece o infinito poder de Deus que habita dentro de seu coração.

Deus é poder, força, realização, vontade, criatividade, saúde, bem-estar, boa disposição, abundância, alegria, felicidade, amor e tudo o mais. Deus é principalmente capacidade de realização.

E nós, somos Deus manifesto. Fomos criados à Sua imagem e semelhança, portanto, somos a sede do poder aqui na Terra. Sempre que pensamos que não podemos, estamos colocando limitações em algo que é infinito.

Para o bem, podemos tudo. Somos capazes de realizar as mais lindas obras, compor as mais belas melodias, fazer curas espetaculares, escrever livros carregados de inspiração e colocar o amor de Deus no coração das pessoas.

Tudo isso e muito mais fazemos quando descobrimos o nosso objetivo superior de vida, ou a nossa missão aqui na Terra. A missão é algo que brota do fundo de nosso ser e que só nós podemos realizar. Sempre que nos despertamos para a realização de nossa missão, o nosso poder pessoal aumenta.

Bill Gates, hoje o homem mais rico do mundo, desde os 13 anos era apaixonado por computadores. Ele se entregou por inteiro à tarefa de escrever programas para computadores e conseguiu transformar o planeta. Mas, assim como todos nós, ele deve ter tido seus momentos de dúvida diante das muitas dificuldades que tinha para enfrentar. Deve ter tido seus momentos de fraqueza, deve até ter pensado que "não ia conseguir".

Mesmo as pessoas mais iluminadas já fraquejaram. O próprio Jesus, ao vislumbrar a enormidade de sua tarefa, clamou: "Pai, retira de mim esse cálice!".

Parece que estamos aqui justamente para isso: para ser testados. Os audazes conseguem mais, vão mais longe, descortinam novos horizontes, desbravam terras desconhecidas. Os acomodados se recolhem dentro de seus próprios mundos e reclamam que as coisas não são como eles querem.

A audácia está justamente em vencermos a nós mesmos. Todos os grandes seres que por aqui já passaram são como nós, de carne e osso: Buda, Jesus Cristo, São Francisco de Assis, Mahatma Gandhi, Albert Einstein, Madre Teresa, Dom Helder Câmara, Chico Xavier, Herbert de Souza (Betinho) etc.

Tiveram de travar a mesma batalha com o "eu não vou conseguir" e com o "não vai dar certo". No final, venceram. Acreditaram que podiam e fizeram. Apesar de todos os medos, de todas as incertezas, eles arriscaram na direção de sua missão de vida e conseguiram, se não os resultados almejados, todavia algumas realizações altamente significativas.

Todas as conquistas foram feitas por seres audazes. Às vezes, pessoas de pequena estatura ou de saúde frágil, depois de se lançar na direção de seus sonhos mais ousados, se transformam em verdadeiros gigantes, capazes de derrubar impérios ou de fazer uma enorme diferença na vida dos outros.

Foi o caso de Mahatma Gandhi, um homem franzino e de baixa estatura, que conseguiu liderar seu povo e vencer o jugo do Império Britânico. E também de Madre Teresa, que era a mais doente de todas as freiras do convento, mas que se entregou à missão de salvar vidas e conseguiu fazer uma enorme diferença na vida de milhares de pessoas.

A força está dentro de nós, aí também estão os desafios. É preciso vencer a nós mesmos, é preciso ultrapassar a fragilidade de nossos pensamentos negativos e atingir o poder através de uma ação persistente guiada pelo otimismo, pela força, pelo entusiasmo, pelo amor a nós mesmos e aos outros.

Uma dica, que funciona para fortificar a minha vontade de vencer, são os exercícios. Talvez possam ajudar a você também.

Muitas vezes, estou em meu escritório até às 20 horas. Começo a ficar cansado e penso que ainda falta a minha ginástica favorita, o Body Pump (uma mistura de aeróbica e levantamento de pesos) que começa justamente às 20h15.

Se eu quiser, posso ir para casa e relaxar. Mas, não, eu escolho ficar e ir para a ginástica. A ginástica representa mais um desafio, após um dia altamente produtivo. Mais um desafio que somente poderá ser vencido com entusiasmo e convicção.

Às vezes chego na academia desanimado, mas ao ver os instrutores, escutar a música feliz e sentir os abraços dos colegas, eu me recarrego de energia e força. Entrego o meu corpo, as minhas emoções, os meus pensamentos e o meu espírito à atividade física intensa.

Ao sair da academia, sou um novo ser, estou renovado e feliz. Chego em casa sentindo-me maravilhosamente bem. Sinto-me bem porque consegui. Venci minhas limitações e agi com vigor, firmeza, convicção. Por isso, o meu sono é repousante e meus sonhos, ousados.

Por isso, eu acredito que o exercício físico poderá ajudar você a superar suas barreiras mentais. Além de fortalecer o corpo, o exercício físico fortalece as fibras de nossa vontade de vencer.

Todas as conquistas foram feitas por seres audazes. Às vezes, pessoas de pequena estatura ou de saúde frágil, depois de se lançar na direção de seus sonhos mais ousados, se transformam em verdadeiros gigantes, capazes de derrubar impérios ou de fazer uma enorme diferença na vida dos outros.

Qual é a contribuição da genialidade para a nova ordem mundial?

Que vem a ser a nova ordem mundial? Quando eu era estudante universitário, a nova ordem era a aproximação gradativa entre o Ocidente e o Oriente. Hoje é a globalização, ou seja, o gradual desaparecimento das fronteiras geográficas.

Até a década de 1990, no Brasil, o mercado de computadores era reservado para a indústria genuinamente nacional. Hoje isso é inconcebível. A voracidade do mercado por equipamentos de última geração, aliada à força do capital multinacional não permitem que o mercado se feche mais.

De cremes dentais a automóveis, de agulhas a refrigeradores, existe quase sempre a opção do importado, não necessariamente mais caro. Os carros coreanos competem palmo a palmo com os nacionais em preço e qualidade. O consumidor está cada vez mais exigente, busca preço e qualidade, não importando a origem do produto.

Essa nova ordem representa abertura econômica e formação de blocos, como a Comunidade Econômica Européia (EEC), o Mercado Comum do Cone Sul (Mercosul) e o Acordo Norte-americano de

Livre Comércio (NAFTA). A concorrência passa a ser entre os blocos regionais e entre as megaempresas e não de nação contra nação.

A nova ordem mundial é basicamente econômica. Fiquei feliz quando atravessei a fronteira entre Portugal e Espanha de carro e não tive de descer para mostrar passaporte. Foi como se estivesse passando do estado de Minas Gerais para o de São Paulo.

Como é que a genialidade contribui para esse quadro de abertura mundial? A situação atual é fruto da genialidade humana. Não ocorreu espontaneamente. Está aí devido ao interesse de indivíduos, empresas, instituições e nações.

Foram pessoas geniais que se dispuseram a pensar e a discutir novas formas de relacionamento comercial, tecnológico e político. Devido a rapidez com que mudam as exigências do mercado, o mundo empresarial apresenta maior versatilidade para atender as diferentes tendências do comportamento consumidor.

Os empresários percebem novas tendências e incentivam inovações, que por sua vez são bem aceitas pelo mercado. Devido a absorção imediata de tecnologias avançadas como o computador, a Internet, a biotecnologia etc., há uma aceleração nunca antes experimentada das descobertas científicas.

Todo esse movimento pressionou o mundo político a modernizar as relações entre as nações, facilitando os intercâmbios políticos, econômicos, tecnológicos e culturais. Quando feito de forma pacífica e justa, esse relacionamento pode ser benéfico para as partes envolvidas.

No entanto, algumas nações mais fortes desejam tirar vantagem de sua superioridade e geram o desequilíbrio global. Esse desequilíbrio cria a discórdia e, para fazer frente à força dos grandes, os pequenos usam o terrorismo, que atinge os mais frágeis dentro das nações poderosas.

Nesse caso, a genialidade poderia ser usada para a paz. Isso pode acontecer no momento em que os mais fortes usem mais as vias diplomáticas e menos a força para a resolução de questões econômicas.

A genialidade contribui para um quadro de abertura mundial. Quando utilizada para o bem dos povos, a genialidade pode ser um instrumento de paz e crescimento sócio-econômico. A situação atual é fruto do interesse de indivíduos, empresas, instituições e nações.

Como usar a Genialidade para expandir a minha espiritualidade?

Bem-aventurada a pessoa que acha a sabedoria e a pessoa que adquire o conhecimento. Melhor é a sabedoria que as jóias; e de tudo o que se deseja, nada se compara a ela.

Provérbios de Salomão

Se a genialidade vem de Deus, como explicar os que não conseguiram encontrá-la em si mesmos?

Eu concordo que a genialidade vem de Deus. A força criativa universal está centrada em Deus e se manifesta através de toda a inteligência existente.

Às vezes, parece-nos que a genialidade se concentra apenas em alguns poucos privilegiados. Mas, se observarmos à nossa volta, perceberemos que estamos rodeados de seres geniais. Somos todos filhos do mesmo Deus grandioso e benevolente.

O marceneiro que fez o seu guarda-roupas. O professor que ensina sua filha a escrever. O médico que cuida de seu filho. O engenheiro que constrói a sua casa. O advogado que defende você de uma falsa acusação. O dentista que cuida de seus dentes. O desenhista que cria a sua propaganda. O contador que organiza a sua empresa. Essas e muitas outras pessoas trabalham, em geral, no anonimato, mas manifestam a genialidade divina.

Não são considerados gênios, mas executam suas funções com gosto, com zelo, com atenção, com genialidade.

Eu acredito que a genialidade é direito nosso. É algo que se manifesta de forma abundante em algumas pessoas e que, em outras, precisa ser descoberto passo a passo.

Já tive a oportunidade de observar um bom marceneiro trabalhando. Ele se entrega ao que está fazendo. Por assim dizer, ele navega nas ondas dos detalhes de sua obra. Mesmo que não seja publicamente declarado um gênio, sua obra é, sem sombra de dúvidas, uma obra-prima.

Todos que se dispuserem a buscar e a exercer a sua missão com o máximo de zelo, conseguirão fazer um trabalho melhor, mais satisfatório, mais profundo, mais genial.

Cada ser humano saudável é dotado de infinita criatividade e, ao manifestá-la, pode tornar-se um gênio. Aqueles que não conseguiram encontrar essa genialidade dentro deles são aqueles que ainda não descobriram o seu propósito. São os que ainda não sabem a que vieram.

Portanto, é importante que a pessoa descubra o que a motiva. Isso é feito através de uma pesquisa em sua infância.

Lá, em sua infância, a pessoa irá descobrir algo que gostava de fazer. Lá poderá identificar uma ocasião na qual se comprazia, ao fazer algo, e o fazia bem, e os demais admiravam o seu desempenho.

Apesar de simples, essa volta à infância poderá esclarecer muitas coisas e recolocar a pessoa nos trilhos que a lançarão rumo à manifestação de seu objetivo superior de vida e, conseqüentemente, à manifestação da genialidade em sua vida.

Eu me lembro bem da magia que o correio sempre exerceu sobre a minha vida. Isso porque eu adorava escrever e receber cartas, desde a mais tenra infância. Escrever sempre foi a minha fascinação.

Antes de conquistar o doutorado em comunicação, eu fiz engenharia elétrica, e me saí bem no curso, pois eu gostava de estudar. Durante o curso de engenharia elétrica, eu anotava as minhas experiências de vida em cadernos de capa dura.

Até hoje eu ainda possuo esses cadernos. Quando folheio suas páginas amareladas, as lágrimas rolam em meu rosto. Eu vejo ali, com nitidez, o jovem que buscava o seu destino. Na época, eu ainda não havia descoberto que escrever era o meu destino. Eu buscava aqui e acolá. Buscava na terra e nas estrelas a razão de meu ser.

Só depois de vários anos, enquanto fazia o doutorado nos Estados Unidos, é que o meu orientador acadêmico me disse que eu tinha uma extraordinária capacidade de comunicação oral e escrita. Ele disse que eu devia dedicar-me a isso: a escrever e a falar em público.

Eu segui o conselho dele. Comecei a lecionar na própria Universidade de Ohio, como assistente de um dos professores do departamento. Fiquei surpreso ao receber as avaliações altamente positivas dos alunos com relação ao meu desempenho. Eu estava envolvido com uma atividade que me encantava.

Achei aquilo incrível, fazia algo agradável e ainda assim estava ganhando dinheiro e elogios. Foi a descoberta de minha missão: ***escrever e falar para a minha felicidade e para a felicidade dos outros.***

Hoje, eu já não mais escrevo um diário. Tenho, sim, uma agenda pessoal onde anoto minhas impressões sobre a vida. Mas eu acredito que não preciso do diário porque, na maioria dos dias, estou à frente do computador escrevendo, exatamente como faço agora.

Escrevo sobre algo que me dá enorme prazer. Escrevo sobre a vida e como transformá-la em uma experiência mágica. Acredito que a magia e a genialidade residem aí. Residem na ação de fazer algo que é a nossa cara, em benefício de nossos irmãos e irmãs.

> *Cada ser humano saudável é dotado de infinita criatividade e, ao manifestá-la, pode tornar-se um gênio.*

Dentro de sua genialidade, o que você nos diz sobre o enigma da vida eterna?

Esta pergunta foi feita por um amigo de infância, o Edilson. Quando criança, eu admirava nele a sua habilidade de jogar futebol e a sua garra durante o jogo. Tinha verdadeira fome de bola. Só queria ganhar. Era um verdadeiro campeão. Mas desde aquela época não tive mais contato com ele. Essa foi a resposta para o Edilson:

Fico lisonjeado e agradecido pela sua pergunta. Para respondê-la, meu subconsciente pediu a presença de Mozart. Coloquei para tocar a música Eine Kleine Nachtmusik (Uma Pequena Música Noturna).

Há muitos anos, alguns antropólogos levaram uma vitrola para a selva africana e colocaram Mozart para tocar em uma tribo de índios. Depois de escutar Mozart, o chefe dos índios disse: "Agora eu percebo que vocês também usam sons para se comunicar com seus deuses".

A sua pergunta é de tal profundidade, que evoco a ajuda de Deus para respondê-la. Acredito que só Ele sabe a resposta para sua pergunta. Nós poderemos, porém, aproximar-nos de uma explicação para o enigma da vida eterna.

SUA PAIXÃO É
SUA FORÇA!

A primeira intuição que me visita é que a vida sempre foi eterna. Ela foi, é, e sempre será o que é: pura energia inesgotável, sem princípio nem fim. Ela é o que é, assim como Deus é aquele que é. O único que existe.

Ele existe através do ar que você respira e dos pensamentos que você pensa. Ele está em você e você nele. Ele está na flor de seu jardim e no mosquito que sobrevoa a fruta que você está prestes a comer. Ele não nasce nem morre. Ele é a origem e o fim de tudo. Deus é Vida, e Vida é Deus!

Não há, portanto, enigma. Não é possível que a vida não seja eterna, pois ela e Deus são a mesma coisa.

Deus se utiliza de nós para se manifestar. Acontece, então, uma ilusão, assim como tantas ilusões de óptica em nossa existência. Depois que nascemos na Terra, temos a ilusão de que somos separados de todo o resto e de que nossa vida é só nossa.

Mas essa ilusão é passageira, só ocorre aqui na Terra, enquanto estamos dentro de um corpo físico. Por mais que vivamos, 100 ou 150 anos, por mais que voltemos à Terra, o tempo gasto aqui, comparado com a nossa existência, é como o átomo comparado ao nosso corpo: — infinitesimal.

O espírito, a nossa energia primordial, não possui tal percepção, ele sabe que é parte do todo e como tal nunca deixará de existir. O que pode ocorrer são transformações de estado. Assim como o vapor se transforma em água e a água em gelo. Nós também saímos de um estado e passamos para o outro.

Quando o corpo morre é como se a água estivesse evaporando, transformando-se em vapor. O vapor não deixa de ser água. Tem-se apenas a ilusão de que a água desapareceu.

A vida eterna é um constante pulsar de energia, de força, de vigor. Exatamente como a música de Mozart que escuto neste momento. Ela é colorida, aromática, sensual, forte e fraca, doce e azeda, alta e baixa, calma e rápida, triste e alegre, fria e quente. Prima pela variedade.

Você e eu somos como essa música. Mudamos durante todo o tempo e todo o tempo permanecemos a mesma coisa: pura energia.

Ômar Souki

A eternidade é pura energia. Energia pulsante, vibrante, recheada de entusiasmo para estar sempre se manifestando de diferentes formas.

Quando nasceu em 2000, Erik, meu terceiro filho, fez-me refletir sobre a transitoriedade de nossos estados. Eu pensava então: "Há pouco tempo ele só existia no campo energético. Mas nem por isso ele deixava de existir. Ele não existia aqui na Terra, mas existia em forma de energia, em um lugar onde não existe nem tempo, nem espaço – só energia".

Para nós, confinados nas três dimensões do espaço e limitados pelos segundos, minutos e horas de uma vida terrena, não é fácil entender que tudo isso não passa de uma ilusão. Para nós, essa ilusão é tudo o que existe.

Que seria de nossa vida se não fosse o nosso corpo, as nossas roupas, o nosso carro, a nossa casa, a nossa empresa? Que seria de nossa vida se não fossem os segundos, os minutos e as horas de cada um dos dias que vivemos?

Estamos organizados dentro dessa estrutura chamada tempo-espaço, porque temos necessidade de entender as coisas materiais. Mas isso não quer dizer que essas coisas sejam a realidade última.

O tempo e o espaço se originam da fonte de toda energia: Deus. São tão reais como a rosa que hoje exala o mais lindo perfume e amanhã está morta. Como o bem-te-vi que alegra nossas manhãs e que depois desaparece no infinito.

Portanto, o que parece agora ser um enigma, na verdade é a única coisa que realmente tem existência independente: *A Vida Eterna!*

Não há, portanto, enigma. Não é possível que a vida não seja eterna, pois ela e Deus são a mesma coisa.

Eu gostaria de saber se as pessoas geniais são paranormais?

Você e eu utilizamos uma pequena porcentagem de nossos cérebros. Até há pouco tempo pensávamos que essa porção era de 10 por cento. Mas estudos recentes demonstram que apenas usamos o equivalente a 1 sobre 10.000 desse precioso órgão.

Temos, entre nossas orelhas, um equipamento maravilhosamente sofisticado e nos utilizamos muito pouco dele. Acho que os gênios são as pessoas que melhor usam o cérebro. Para que isso aconteça, pedem ajuda ao coração.

Em geral, os gênios facilitam o trabalho de seus cérebros através de uma enorme paixão pelo que fazem. Essa habilidade faz com eles se destaquem dos demais. Alguns se destacam tanto, que podem até ser considerados paranormais. Isto é, eles estão além da normalidade. São seres extraordinários.

Mas os recursos que eles utilizam estão também disponíveis para todos. Basta desenvolver em nós a paixão que esses seres especiais têm por aquilo que estão fazendo.

Estudos recentes descobriram que a pessoa apaixonada pelo que faz produz um hormônio chamado noradrenalina. Um ambiente cerebral carregado de noradrenalina facilita o crescimento das dentrites, que são as hastes neuronais.

Quando as dentrites de um neurônio tocam as de outro, formam as sinapses, que são a base da inteligência. Portanto, a inteligência depende do envolvimento, do interesse, da paixão.

O próprio Einstein dizia que não tinha nenhum talento especial. Afirmava que era apenas apaixonadamente curioso. Disse também que a genialidade poderia ser estimulada pela imaginação e que suas melhores idéias surgiam quando ele estava brincando com o seu cérebro sobre novas maneiras de interpretar o universo.

Durante as minhas pesquisas, tenho o privilégio de conversar com pessoas geniais. Elizabeth Pimenta, presidente da Água de Cheiro, é uma delas. Ela comanda uma empresa de perfumes e cosméticos que tem mais de 600 lojas espalhadas por todo o Brasil. A genialidade de Beth, como é chamada pelos amigos, é tal que, além de suas inúmeras atividades empresariais, também encontra tempo, e cabeça, para estudar direito.

Apesar de ser uma pessoa extremamente atarefada, também possui energia suficiente para desfrutar do convívio de amigos e parentes. É um ser humano especial que mantém um sorriso no rosto e uma palavra estimulante para ocasiões menos fáceis.

Beth é um de meus modelos de energia, determinação e vigor pessoal. Ela me disse que gosta de ir além, de se superar continuamente. Quando abriu sua primeira loja, a Balangandã, em um bairro nobre de Belo Horizonte, fazia questão de fechar a loja, não às 18, mas às 19 horas.

Quando se exercita, faz algumas repetições a mais do que o exigido pelo instrutor. Enfim, ela é uma pessoa apaixonada pela vida, que está sempre procurando dar mais de si mesma.

Beth Pimenta é uma pessoa que se antecipa ao seu tempo. É uma visionária, alguém que percebe coisas que os outros não vêem. Nesse aspecto, poderia até ser considerada como paranormal. Mas, se lhe perguntarmos qual a origem de sua genialidade, ela provavelmente responderá que é algo simples, fruto apenas da paixão que tem por tudo que se dispõe a realizar.

Portanto, acredito que os gênios não são paranormais. São pessoas normais que aprenderam a desenvolver uma paixão extraordinária pelo que fazem.

O próprio Einstein dizia que não tinha nenhum talento especial. Afirmava que era apenas apaixonadamente curioso.

Desenvolvi em meu coração um profundo sentimento de paz. Como utilizar essa paz para ajudar no crescimento das outras pessoas?

Dona Graciosa, do Rio Garnde do Sul, me fez essa pergunta. Achei tão interessante que, para conseguir mais elementos para a resposta, liguei para ela e mantivemos um longo diálogo.

Ela me disse que sua paz foi construída ao longo dos anos. Uma paz baseada no amor pelos semelhantes e na capacidade de perdoar os outros. Experimentou a paz através de um momento de iluminação e, depois disso, passou a cultivar esse estado de bem-aventurança. Pára a cada hora e dedica um minuto a Deus. Isso faz com que ela permaneça nesse oceano de paz.

Outro hábito seu é, antes de cada refeição, entregar-se à paz de Deus, pois de nada vale a refeição se não for ingerida em paz.

Jesus disse: "Eu lhes deixo a minha paz, eu lhes dou a minha paz". Isso quer dizer que, realmente, o estado de paz interior é algo altamente desejável. Esses momentos de entrega a Deus podem ser chamados de momentos de oração.

A oração é um exercício de desassociação das preocupações cotidianas. É o espaço dentro do qual as baterias espirituais são recarregadas. Durante a oração, ou silêncio profundo, a alma entra em sintonia com o Criador. É um momento de alegria interior, inspiração e paz.

Eu acredito que a genialidade humana se manifesta quando a pessoa entra nesse estado de paz profunda. Quando estou respondendo as perguntas que as pessoas me fazem, eu busco a resposta na paz do meu ser. Portanto, para escrever é necessário desenvolver essa conexão com a paz Divina.

A genialidade é altamente beneficiada quando conseguimos produzir em nós esse estado de paz oceânica. É lá do fundo de nosso ser que surgem as idéias que irão depois beneficiar as outras pessoas.

Um ser humano inundado pela paz tem mais condições de desenvolver a criatividade do que um outro preocupado com aluguel, contas de água, luz e telefone, escola das crianças, demandas do patrão etc.

Eu acho que essa paz interior pode ser cultivada apesar de todas as pressões do cotidiano. Talvez seja a bênção mais procurada nos dias de hoje. As pessoas procuram a paz nas montanhas solitárias ou em praias distantes. Mas, eu acredito que a verdadeira paz deve ser procurada dentro de nós mesmos. Se ela não for encontrada aí, não será encontrada em nenhum outro lugar.

As contas não irão desaparecer da noite para o dia. As pressões das crianças e do trabalho continuarão firmes. Se dependermos de ficar livres dessas coisas para ter paz, nunca a encontraremos. Por isso, o cultivo da paz depende de disciplina. Depende de um maior domínio de nosso próprio estado mental.

O nosso foco mental pode ser na confusão do dia-a-dia, ou pode ser no ritmo tranqüilo de uma composição de Vivaldi. A responsabilidade de criar e permanecer nesse estado de paz é individual. A paz não vem de graça. Como quase tudo o mais, a paz depende de dedicação, de empenho.

Você, Graciosa, conquistou a sua paz através do cultivo diário dos 12 minutos com Deus e através das oferendas feitas antes de cada refeição. Essa paz, tão necessária nos dias de hoje, pode ser passada para as outras pessoas, principalmente através de seu exemplo de vida.

Você me perguntou como poderá beneficiar mais os outros com a sua paz. O seu exemplo é a maior contribuição para o crescimento dos outros. Quando as pessoas notam que alguém conseguiu, elas se perguntam: "Como foi que ela conseguiu?", "Será que eu também conseguirei a paz interior?".

Assim, alguns mais ousados se lançam à procura da paz, por que viram o exemplo de alguém que conseguiu. "Se ela conseguiu, eu também vou conseguir", pensam as pessoas corajosas.

Uma vez um jornalista pediu a Mahatma Gandhi que enviasse uma mensagem para o seu vilarejo, pois lá havia muitos admiradores do grande mestre. Gandhi apenas respondeu: "A minha vida é a minha mensagem".

Eu acho, Graciosa, que a sua vida é a sua mensagem. A sua contribuição máxima!

Jesus disse: "Eu lhes deixo a minha paz, eu lhes dou a minha paz". Isso quer dizer que, realmente, o estado de paz interior é algo altamente desejável. Eu acredito que a genialidade humana se manifesta quando a pessoa entra nesse estado de paz profunda.

Como adquirir a felicidade através da genialidade?

Ser feliz é o propósito último de todo ser humano. A felicidade é conquistada através do crescimento pessoal. Feliz é a pessoa que está em processo contínuo de auto-superação.

Barbara De Angelis, autora do livro *Secrets about life every woman should know* (Segredos sobre a vida que toda mulher deveria saber), diz que nosso dia-a-dia pode ser mais bem-sucedido e, nós, mais felizes, se considerarmos que o sucesso depende mais de nós do que das coisas que nos acontecem.

De acordo com ela, um dia bem-sucedido é aquele em que conseguimos pelo menos uma das conquistas abaixo:

1. Aprendemos pelo menos uma coisa nova a respeito de nós mesmos;
2. Conseguimos relacionar-nos melhor com os outros do que fazíamos antes;
3. Somos mais pacientes e temos mais compaixão com os outros e com nós mesmos;
4. Ganhamos um pouco mais de entendimento sobre alguma coisa ou sobre outra pessoa;

5. Resistimos reincidir em um padrão antigo e destrutivo de comportamento ou de pensamento e escolhemos um novo;
6. Somos amáveis com nós mesmos ou com os outros;
7. Conseguimos nos amar mesmo não fazendo tudo com perfeição;
8. Somos gratos pelo dom da vida e pela oportunidade de aprender e crescer.

Vista desse ângulo, a vida passa a ser mais agradável e feliz. Não teremos mais dias bons ou dias ruins, mas sim dias nos quais aprendemos mais ou menos, dias nos quais crescemos mais ou menos. Tudo passa a ser um aprendizado.

O verdadeiro gênio é aquele que consegue conquistar a felicidade, não importando o que a vida lhe tenha oferecido. Pense bem: de nada valeria alguém ter conquistado os píncaros da glória se, no final da vida, estivesse triste e desiludido.

George Eastman, criador da Kodak, suicidou-se. Santos Dumont, inventor do avião, também escolheu pôr fim à sua vida. Howard Hughes, magnata da aviação norte-americana, tinha várias fobias e passou seus últimos dias trancafiado em quartos de hotéis.

Esses exemplos mostram que a genialidade não é garantia de felicidade. Mas podemos desenvolver a sensibilidade de compreender a vida. Enfim, podemos tornar-nos gênios na arte de viver.

Walt Disney pode ser tomado como exemplo de pessoa genial e que soube cultivar a alegria de viver. Mahatma Gandhi, gênio das conquistas sociais, soube também cultivar o bom-humor e a felicidade durante toda a sua vida. Chico Xavier, gênio da espiritualidade, era sempre visto com um sorriso no rosto e uma palavra de consolo para os que o visitavam.

Realmente, é algo grandioso saber que o ser humano, além de conquistar a genialidade, isto é, além de ser extraordinário em uma determinada área, pode também ser um gênio da felicidade — uma inspiração constante!

Pense bem: de nada valeria alguém ter conquistado os píncaros da glória se, no final da vida, estivesse triste e desiludido.

Como vencer os desafios da Genialidade?

*Dê-me uma alavanca bem comprida e um ponto
de apoio bastante forte e sozinho moverei o mundo.*
Arquimedes

Como é que os gênios conseguem vencer os desafios e as dificuldades?

Esta pergunta foi feita por Nazareno de Sá, um colega de escola. Concluímos juntos, em 1972, o curso de engenharia elétrica da Universidade Federal de Minas Gerais.

Além dessa, ele também formulou outra, de caráter mais pessoal. Nazareno perguntou-me qual foi a participação da engenharia elétrica no meu processo de mudanças. Afinal, saí da engenharia e concluí um doutorado em comunicação nos Estados Unidos.

Essa pergunta tem a ver com a questão maior de vencer desafios e encarar dificuldades. Eu confesso que a minha mudança de engenharia para a área da comunicação não foi fácil.

De engenheiro bem colocado no Brasil, mudei-me, com a família, para os Estados Unidos. Fui estudar, mas tinha apenas bolsa para os estudos e nada para gastos de alojamento e alimentação. Portanto, de engenheiro passei a entregador de pizzas para manter a minha família. Familiares e amigos no Brasil acharam que eu tinha perdido a cabeça.

Eu estudava muito e trabalhava muito. Durante o dia, além de estudar, também trabalhava como desenhista na escola de engenharia.

E à noite, das 21horas até a uma da madrugada, entregava pizzas nos dormitórios da Universidade de Ohio.

Meus filhos Oliver e Gabriel nasceram nessa época e eu mantive o foco nos estudos, conseguindo boas notas e — com elas — uma bolsa de manutenção que dava para os gastos básicos da família.

Se eu tivesse uma bola de cristal no Brasil e pudesse ter visto os desafios que enfrentaria nos Estados Unidos, talvez não teria tido a coragem de me mudar para lá.

Mas valeu o sacrifício. Grandes conquistas exigem grandes investimentos. Conquistei o tão almejado Ph.D. (doctor of philosophy), grau máximo fornecido por uma universidade norte-americana e — além disso —, depois de formado, fui contratado para lecionar na State University of New York em Geneseo. Esses eram desejos acalentados desde a infância.

Depois, graças ao rigor acadêmico ao qual fui submetido por tantos anos, consegui publicar o meu primeiro livro: ***Genocídio Cultural***. Essa sim, foi a maior conquista, pois eu sempre gostei muito de escrever e meu maior sonho era publicar um livro.

Analisando a vida dos gênios, eu percebo um padrão semelhante. Eles fazem coisas consideradas loucas pelas outras pessoas. Mas, as mesmas pessoas que tanto os criticavam — depois de ver suas estrondosas vitórias — passam a aplaudi-los.

Um campeão de mudanças é Jack Welch, ex-presidente da General Electric. Depois que assumiu a presidência em 1981, decidiu focar a empresa apenas em mercados nos quais pudesse ser líder ou vice-líder.

Welch fechou 73 fábricas, eliminou 232 produtos e demitiu 100.000 empregados. Foi considerado uma verdadeira bomba de nêutron (que elimina pessoas e deixa os edifícios). Essas mudanças representaram enormes sacrifícios, que no final, valeram a pena.

A General Electric é hoje a empresa mais admirada dos Estados Unidos.

Outro gênio, que soube transitar bem durante mudanças rápidas é Steve Jobs, da Apple. Aos 25 anos, era milionário. Aos 28, estava fora da empresa que havia ajudado a criar. Em 1997, quando a Apple estava à beira da falência, ele voltou ao negócio e em 1998 lançou o iMac, um enorme sucesso de vendas.

Ao refletirmos sobre essas pessoas, percebemos um padrão interessante. Os gênios florescem na mudança. Mudam suas empresas, mudam sua forma de ver o mundo, mudam de vida. Enfim, são destemidos — não têm medo de mudar.

Essa coragem está baseada na fé. A fé aparece quando pintamos quadros coloridos do futuro. Quando falamos com convicção a respeito de nossos projetos. Quando sentimos que podemos ultrapassar nossos limites pessoais.

O gênio se utiliza dessa confiança em si próprio para encarar os problemas que, inevitavelmente, terá ao iniciar novos empreendimentos. O novo sempre nos apresenta surpresas. Algumas agradáveis e outras desagradáveis.

O que diferencia aquele que vence dos que não conseguem é simplesmente a tenacidade, que se baseia na fé. O gênio persiste até conseguir.

A fé aparece quando pintamos quadros coloridos do futuro. Quando falamos com convicção a respeito de nossos projetos. Quando sentimos que podemos ultrapassar nossos limites pessoais.

Como ajudar pessoas que ficam deprimidas por falta de emprego?

Depressão é falta de perspectiva. É quando se perde a vontade de fazer, de ser e de viver. É quando não se tem vontade de levantar da cama. A pessoa perde o ânimo.

Alma, em Latim, é *anima*. Então, quando a pessoa perde o ânimo, é como se tivesse perdido a alma, essa energia que movimenta o ser humano.

A pergunta foi colocada de forma inteligente, porque a depressão foi associada a uma causa: falta de emprego. Isso quer dizer que, se a pessoa estivesse ocupada, empregada, não teria entrado em depressão.

A depressão aparece devido a diversas causas. Um adolescente, conhecido meu, entrou em depressão porque não estava conseguindo bons resultados na escola. Meu pai ficou deprimido porque, depois de um acidente, estava com dificuldades em se locomover.

Ocorre uma alternação na própria química cerebral, quando a pessoa fica deprimida. Os psiquiatras tratam esses casos com sucesso, ministrando pequenas doses de alguns remédios, que apresentam um mínimo de efeitos colaterais.

Por outro lado, existem pessoas que perdem o emprego, ou saem mal na escola, ou que têm dificuldade em se locomover, mas nem por isso ficam deprimidas. Ficam tristes e sofrem, porém não se entregam. Levantam a cabeça e continuam sua caminhada em direção à realização de seus sonhos.

Por que será que algumas pessoas conseguem vencer as frustrações e prosseguir e outras não?

Em geral, pensamos que o oposto do sucesso é o fracasso, mas não. O oposto do sucesso é a frustração. A nossa habilidade de lidar com a frustração determinará se o nosso fracasso será ou não um caminho para o sucesso. Todo sucesso é feito de fracassos.

Escute a seguinte história, de um homem que não permitiu que suas frustrações o deprimissem:

Um homem investe tudo o que tem numa pequena oficina. Trabalha dia e noite, inclusive dormindo na própria oficina. Para poder continuar nos negócios, empenha as próprias jóias da esposa. Mas, quando apresenta o resultado final de seu trabalho a uma grande empresa, dizem que seu produto não atende ao padrão de qualidade exigido. *O homem desiste? Não!*

Volta à escola por mais dois anos, sendo vítima de gozação dos colegas e de alguns professores que o tacham de "visionário". *O homem fica chateado? Não!*

Após dois anos, a empresa que o recusou, finalmente fecha contrato com ele. Ele constrói a sua própria fábrica. Durante a guerra, sua fábrica é bombardeada duas vezes, sendo que grande parte dela é destruída. *O homem se desespera e desiste? Não!*

Reconstrói a fábrica, mas um terremoto novamente a arrasa. *Essa é a gota d'água e o homem desiste? Não!*

Imediatamente após a guerra, segue-se uma grande escassez de gasolina em todo o país e esse homem não pode sair de automóvel nem para comprar comida para a família. *Ele entra em pânico e desiste? Não!*

Criativo, adapta um pequeno motor à sua bicicleta e sai às ruas. Os vizinhos ficam maravilhados e todos querem também as chamadas "bicicletas motorizadas".

A demanda por motores aumenta muito e logo ele fica sem mercadoria. Decide então montar uma fábrica para essa invenção. Como não tem capital, resolve pedir ajuda para mais de quinze mil lojas espalhadas pelo país. Como a idéia é boa, consegue apoio de mais ou menos cinco mil lojas, que lhe adiantam o capital necessário para a indústria.

Encurtando a história: hoje a *Honda Corporation* é um dos maiores impérios da indústria automobilística japonesa, conhecida e respeitada no mundo inteiro. Tudo porque Soichiro Honda, seu fundador, não se deixou abater pelos terríveis obstáculos que encontrou pela frente.

Soichiro Honda disse que 99% de seu sucesso foi construído de fracassos. E assim é para a maioria das pessoas.

Portanto, a frustração deve ser encarada como oportunidade. No capítulo 4 de meu livro *Riqueza Infinita*, eu explico, em detalhes, como fazer da frustração uma ponte para o sucesso. Apresentarei aqui um resumo para você.

Que é a frustração? É não conseguir o que se deseja ou o que se espera. Além da frustração por não conseguirmos o que almejávamos, muitas vezes ainda recebemos críticas. Essas críticas costumam doer como se fossem flechadas lançadas por nós mesmos (autocrítica), por amigos íntimos, ou por familiares.

Para Abraham Zaleznik, professor da Universidade de Harvard, nos Estados Unidos, a frustração é proporcional ao valor que a pessoa dá ao que está querendo. Muitas vezes a pessoa constrói a realidade em torno a algo que deseja muito. Quando não consegue atingir aquilo que tanto almejou, pensa que o mundo e o lugar que ocupa nele já não mais têm significado.

Os efeitos mais comuns da frustração são a descrença e a depressão. A pessoa pode ser tomada por profundo desânimo, paralisia mental e desespero. Porém, um maior conhecimento a respeito da frustração poderá ajudar-nos a transformá-la em oportunidade para crescimento.

Existem duas idéias errôneas a respeito da frustração: a primeira é que a frustração é algo ruim e a segunda é que, se estamos frustrados, não devemos demonstrar.

A vida nos ensina que podemos aprender muito com uma experiência que não produz os resultados esperados. Experiências potencialmente frustrantes podem apresentar-nos a oportunidade de fazer algo diferente que, com empenho, resultará em sucesso.

Além disso, ao reconhecermos nossa frustração, podemos diluir seu impacto: "Que foi que aprendi com esta experiência que não deu certo? Não consegui desta vez, mas continuarei agindo e mudando até conseguir o resultado desejado".

Observe a criança aprendendo a andar. Cai e levanta. Cai outra vez e levanta de novo. Assim por diante, até aprender. O mesmo acontece quando está aprendendo a falar.

O tempo parece apagar essa lembrança de como conseguir o que queremos, isto é, fazendo e fazendo e repetindo e repetindo, até vencer. Quando crescemos, criamos a falsa expectativa de que é possível fazer bem-feito da primeira vez. Isso é pura ilusão.

Para conquistar a excelência em nossas vidas, é necessário fazer exatamente como as crianças. Persistir, persistir, persistir até conseguir.

Soichiro Honda disse que 99% de seu sucesso foi construído de fracassos. Assim é para a maioria das pessoas.

Estou montando um sistema de cobrança para uma empresa, mas tenho receio de não concluir o trabalho satisfatoriamente. Como perder esse tipo de medo?

O medo de fracassar é, talvez, o mais comum de todos os medos. Temos medo de não conseguir chegar lá; de não fazer da forma que tem de ser feito; de não preencher as expectativas de nossos pais; de não conseguir agradar a nossos clientes etc.

Quando crianças, tínhamos uma curiosidade insaciável e essa energia nos impulsionava a fazer as coisas. Certo ou errado, estávamos sempre fazendo. Ao cair, levantávamos com presteza e tentávamos outra vez. Certo ou errado, aprendemos a andar, a nadar e a falar. O método foi o da tentativa e erro.

Com o passar do tempo, e depois de entrar na escola, descobrimos que o erro gera punição e humilhação. Depois de certa idade, é como se tivéssemos perdido a liberdade de errar. Somos praticamente proibidos de errar, em casa, na escola e no trabalho.

Ao desencorajar o erro, as sanções recebidas na infância acabam desestimulando a ação de modo geral. É por isso que temos tanto receio de iniciar projetos, de mudar de emprego, de mudar de casa, de mudar de cidade, de mudar de país etc.

Em nossas ações, passamos a buscar uma garantia ilusória, que nunca virá. Por isso, o número de corajosos é relativamente pequeno. A maioria das pessoas busca a comodidade de um emprego com salário fixo.

Os corajosos, os empreendedores arriscam. Erram. Tentam mais uma vez. Mais outra. Até conseguir. Quando conseguem, desfrutam do reconhecimento geral. As pessoas se esquecem de quanto os empreendedores tiveram de ousar até poderem chegar ao sucesso.

Vendo o sucesso dos outros, os menos ousados o atribuem à sorte, à conjuntura econômica ou política, à ajuda da família, a fatores genéticos etc. Geralmente, não valorizam o esforço, a garra, a paixão necessária para atingir as alturas.

Mas o que realmente destaca os campeões das demais pessoas é a capacidade de ousar. Robert Schuller, famoso pastor norte-americano, escreveu um livro intitulado *If it is going to be, it is up to me!* (Se tiver de acontecer, sou eu quem fará acontecer!).

Nesse livro, ele dá vários exemplos de coragem e de ousadia que, literalmente, fizeram a diferença entre o sucesso e o fracasso de uma pessoa. Do princípio ao fim do livro, ele estimula o leitor a ousar.

No meu livro *Paixão por Marketing*, eu ofereço a seguinte citação de Goethe: "Até o momento em que chegamos a nos comprometer com alguma coisa, prevalece a dúvida. E a chance de desistir gera ineficiência. A respeito de todas as ações de iniciativa e criação, há uma verdade elementar, que, se for ignorada, poderá sacrificar inúmeras idéias e planos: no momento em que nos entregamos irrevogavelmente, a Providência também se movimenta. Toda a sorte de coisas acontecem para ajudar-nos, porque, de outra forma, jamais teriam ocorrido. Um fluxo de eventos é gerado pela decisão. E aparecem para auxiliar-nos em todo tipo de acontecimentos inesperados e encontros, assim como assistência material, que nenhum ser humano imaginaria pudesse vir ao seu encontro".

Portanto, a resposta para essa pergunta é: Tenha a coragem de arriscar. Continue fazendo, certo ou errado, pois somente a ação poderá transformar o mundo.

À medida que for fazendo, como disse Goethe, as forças do universo estarão ao seu lado, providenciando o que for necessário para que as coisas aconteçam. Sua autoconfiança crescerá, e quando menos espera, verá a tarefa concluída com sucesso.

Se você não se decidisse a começar, nada teria acontecido. Erramos 100% das vezes em que não chutamos em gol! Somente a coragem de chutar em gol nos dá a possibilidade de ganhar o jogo.

Goethe disse que "tudo o que você sonha em fazer, deve começar logo. A entrega corajosa é que produz o gênio, o poder e a magia".

Os gênios parecem superar a acomodação e o medo da mudança. Como é que eles conseguem fazer isso?

O maior medo que as pessoas têm, independente da raça ou cultura, é o medo de errar. É justamente por esse receio exacerbado de falhar que muitos escolhem a acomodação.

As mudanças implicam em abandonar o conhecido à procura do novo. Você se lembra da última vez que observou um trapezista no circo? Para alcançar o trapézio que está chegando, ele precisa abandonar o antigo. Quando o faz, permanece algum tempo solto no ar — sem apoio.

Para enfrentar essa transição — esse período sem apoio —, o trapezista precisa coragem. Para dar saltos na vida, precisamos também de coragem — muita coragem.

As pessoas que são consideradas geniais não nasceram gênios. Elas se transformaram em seres especiais porque tiveram a ousadia de arriscar. Para conseguir grandes conquistas é necessário também correr grandes riscos.

Amador Aguiar transformou uma pequena casa bancária de Marília, no interior de São Paulo, no maior banco brasileiro, o Bradesco. Como conseguiu tal façanha?

Aguiar tinha um comportamento disciplinado e espartano. Exigia que aqueles que trabalhavam com ele adotassem a mesma atitude. Era obstinado no cumprimento de regras, na metodologia do trabalho. Ele tinha a convicção de que o trabalho era a base para qualquer grande empreendimento. E o seu lema era: "Só o trabalho pode produzir riquezas".

Evitava confortos exagerados e fazia refeições simples. Gostava de nadar e não fumava nem bebia. Sua jornada era sempre superior a 10 horas diárias. E aproveitava os fins de semana para visitar as agências recém-inauguradas.

Tinha 39 anos quando assumiu o comando do banco em Marília, e desde o começo afirmava que seria o primeiro, o maior banco do país. Isso parecia apenas uma retórica inflamada para motivar o pessoal, pois a concorrência era mais poderosa. Com trabalho obstinado, Amador Aguiar conseguiu conquistar a sua meta.

Para transformar um pequeno negócio em uma organização do tamanho do Bradesco, Aguiar precisou de coragem para tomar decisões difíceis. Uma de suas primeiras providências foi transferir o banco para São Paulo e depois mudou sua sede para Osasco.

Na época, a região de Osasco não tinha quase nada, mas ele acreditou e ousou. Essa ousadia, tão característica dos gênios, é que possibilita a ação transformadora. Isso não quer dizer que o gênio não sinta medo. Sente como todas as outras pessoas, porém ele não permite que o medo dite as regras do jogo. Ele se sobrepõe ao medo.

A vitória sobre o medo cria força interior. As primeiras vitórias podem parecer pequenas, mas formam a base da confiança para ações cada vez mais ousadas.

Outro exemplo de coragem é Abílio Diniz. Ele recuperou o Pão de Açúcar, que se tornou a maior rede de supermercados do Brasil. Superou um seqüestro em 1988 e reergueu a empresa em 1990, quando esta passou por dificuldades financeiras. Sua filha, Ana Maria Diniz, diz que ele consegue tudo isso com emoção e envolvimento. É uma pessoa que se entrega apaixonadamente ao que faz.

Essas pessoas que conseguem correr grandes riscos são movimentadas por uma enorme paixão — paixão pelo que estão fazendo. Essa força emocional é o combustível da coragem.

Portanto, o primeiro passo para modificar nossas vidas deve ser a busca de um ideal que nos absorva por completo. É preciso descobrir algo que realmente nos interesse e que seja capaz de mobilizar toda a nossa força emocional. Só assim conseguiremos correr os riscos necessários para provocar mudanças saudáveis em nossas vidas.

As pessoas que são consideradas geniais não nasceram gênios. Elas se transformaram em seres especiais porque tiveram a ousadia de arriscar. Para conseguir grandes conquistas é necessário também correr grandes riscos.

Meu até breve

Minha fascinação pela genialidade surgiu durante a infância. Aos 12 anos ganhei de presente de meu pai a enciclopédia Tesouro da Juventude. Fiquei encantado. Eram 18 volumes com maravilhosa encadernação azul e títulos dourados. Cada volume dedicava um capítulo a pessoas geniais: "Homens e mulheres célebres".

Residia na pequena Divinópolis (então com 30 mil habitantes, hoje com cerca de 200 mil), no interior de Minas. Meu imaginário infantil saiu do cotidiano simples e rotineiro, casa, escola, comércio do pai, e passou a habitar o mundo dos gênios. Depois de muito estudo e amadurecimento, cheguei à conclusão de que a genialidade existe dentro do coração de cada um de nós.

A genialidade não é privilégio de poucos, mas está disponível a todos aqueles que se entregam de coração à missão de sua vida. Você e eu somos gênios em potencial. Para despertar esse gigante que habita nosso ser, é necessário, primeiro, descobrir o que realmente nos encanta, nos apaixona, e, depois, nos entregarmos de corpo e alma à sublime tarefa de materializar nossos sonhos.

Para animar nossa caminhada, contamos com o apoio de seres extraordinários que, praticamente, nos forneceram o mapa da mina. Neste livro que você está terminando de ler, citei alguns deles.

E gostaria agora de repetir o que cada um deles sussurrou ao meu ouvido enquanto eu preparava esta obra. O meu "até breve" para você será com algumas frases inesquecíveis, de pessoas muito especiais. Após lê-las, sinta-se à vontade para enviar uma mensagem para mim no omar@souki.com.br e me dizer o que achou dessas reflexões e do livro que acabou de ler.

Até breve! Que a companhia dos gênios facilite o seu caminhar de hoje, de amanhã, de depois de amanhã... e de cada um dos dias dessa aventura chamada vida.

Não vá para fora de si, volte-se para dentro - a verdade habita no interior do ser.

Santo Agostinho

Toda crise é fonte sublime de espírito renovador para os que sabem ter esperança.

Chico Xavier

Alguns dizem que somos responsáveis por aqueles que amamos - outros sabem que somos responsáveis por aqueles que nos amam.

Nikki Giovanni

A verdadeira virtude não é triste nem antipática, mas amavelmente alegre. A alegria ilumina o nosso caminho da felicidade. Desejo que você esteja sempre contente porque a alegria é parte integrante de seu caminho.

José Maria Escrivá

Um grão de ouro é capaz de dourar uma grande superfície, mas não tão grande quanto um grão de sabedoria.

Henry Thoreau

O nosso destino é modificado pelos nossos pensamentos. Seremos o que desejamos ser quando os nossos pensamentos habituais corresponderem aos nossos desejos.

Machado de Assis

Bem-aventurada a pessoa que acha a sabedoria e a pessoa que adquire o conhecimento. Melhor é a sabedoria que as jóias; e de tudo o que se deseja, nada se compara a ela.

Rei Salomão

Dê-me uma alavanca bem comprida e um ponto de apoio bastante forte e sozinho moverei o mundo.

Arquimedes

Veja como a obra de Ômar Souki pode transformar seus negócios e sua vida!

"Ômar Souki obteve 100% de aprovação nos quesitos conteúdo, objetividade, clareza e aplicabilidade em treinamento ministrado a franqueados Localiza de todo o território nacional. Pela primeira vez na história da Localiza um conferencista atingiu avaliação máxima, em todos os quesitos, por todos os participantes do treinamento."

Salim Mattar
(Presidente da Localiza)

"Ômar Souki é um raro talento. Vale a pena prestar atenção no que ele tem a dizer. Seus ensinamentos e seu trabalho nos ajudaram a atrair mais clientes, assim como ter pessoas otimistas e motivadas que, por acreditar mais em si mesmas, superaram desafios e atingiram os resultados desejados."

Alair Martins
(Presidente do Atacado Martins)

"Eu creio que Ômar Souki aborda com propriedade o tema do desenvolvimento das pessoas e das organizações — e por isso — o felicito!"

Comandante Rolim
(Fundador da TAM)

"Dentre os conferencistas que conheço, Ômar Souki é o que toca mais fundo no coração humano. Suas palestras, além de emocionantes e altamente motivadoras, oferecem soluções práticas para os desafios do dia-a-dia."

Sebastião Nunes
(Presidente do Conselho Regional de Administração de Santa Catarina)

"Levei o seu livro *Paixão por Marketing* para os meus alunos do curso de Especialização em Comércio Internacional. Gostaram muito e vários querem adquiri-lo. A edição desse excepcional livro que se vende aqui em Portugal é a original do Brasil."

Paulo Bento
(Professor de Marketing — Portugal)

"Agradeço pelas mensagens do livro *A Solução Otimista,* que tenho lido em minhas reuniões com a equipe de vendas da *Seminovos Localiza* (Curitiba-PR). Pode ter certeza de que me tem ajudado muito no meu crescimento pessoal e profissional. Que Deus ilumine sempre o seu caminho."

Vanderlice Meyer
(Gerente de Vendas da Localiza)

"Estou terminando de ler e saborear o seu livro *A Solução Otimista*. Ele tem as vitaminas necessárias para acelerar o metabolismo do otimismo! Parabéns, amo você como amigo e como ser humano maravilhoso que é! Permita-me amá-lo assim, pois você faz bem à humanidade!".

Aparecida Delayt
(Criadora do Programa Amigos do Peso)

"Levei seu livro *Emoção é Poder* para casa à noite, comecei a folhear, e não consegui mais parar de ler. A leitura é superinteressante e agradável. Senti-me muito bem com as mensagens positivas. Parabéns!"

Mônica Coutinho
(Escritora)

"As mensagens do livro *A Solução Otimista* me estimulam no dia-a-dia, questionando continuamente minha trilha, sempre apresentando novas possibilidades e pontos de vista inusitados e eficazes na lida profissional. Possa Deus manter viva esta chama!"

Gilberto José Rigotto Junior
(Gerente de Operações da Cemig)

Motive-se agora para superar:

- Seus limites pessoais
- As expectativas de seus clientes
- Suas metas de vendas
- O retorno de seus negócios
- Seus lucros na empresa e na vida

Através dos cursos com Ômar Souki:

Paixão por marketing

Palestra de 90 min que motiva você e sua equipe a partir para ações decisivas, visando:
- Encantar seus clientes e construir relações de fidelidade
- Melhorar a comunicação com os clientes, no atendimento personalizado e no marketing direto
- Conquistar um lugar prioritário na mente e no coração dos clientes, criando momentos mágicos
- Construir uma marca vencedora, capaz de aumentar cada vez mais os lucros da empresa!

Emoção é poder

Palestra de 90 min que estimula você e sua equipe a entender melhor suas emoções com o objetivo de:
- Conquistar clientes através do gerenciamento de emoções
- Atingir melhor desempenho junto aos clientes internos e externos, mantendo sempre uma alta motivação
- Alcançar metas pessoais e profissionais através de um relacionamento mais positivo em casa e no trabalho

• Transformar pessimismo em otimismo, tristeza em alegria, desânimo em entusiasmo, desinteresse em vontade de servir.

• Estimular o espírito de equipe, transformando aparentes derrotas em vitórias duradouras na vida e nos negócios!

Contato com o autor:
omar@souki.com.br

Para conhecer mais sobre o trabalho de Ômar Souki

Souki - Motivação & Marketing
Rua Henrique Passini, 98 / 1-2
30.220-380 - Belo Horizonte -MG

www.souki.com.br
(31) 3284 1848

Conheça outros títulos da Editora Academia de Inteligência

Livros que transformam vidas

Augusto Cury
Coleção Análise da Inteligência de Cristo (5 vols)
1- O Mestre dos Mestres
2- O Mestre da Sensibilidade
3- O Mestre da Vida
4- O Mestre do Amor
5- O Mestre Inesquecível

Treinando a emoção para ser feliz
Superando o Cárcere da Emoção
12 Semanas para mudar uma vida

Cidinha C. Antonio
Como ficar rico

Peter O'Connor
Quando vier o amanhã

A Editora Academia de Inteligência agradece a todos os leitores que, como poetas da vida, têm difundido nossos livros aos amigos, parentes, dentro de sua empresa, nas escolas e até em livrarias longínquas.
Agradecemos também a todos os leitores que nos têm enviado e-mails emitindo suas opiniões e dizendo que suas vidas ganharam novo significado a partir da leitura destes livros.

Editora Academia de Inteligência

Contatos:
Rua Cristóvão Colombo, 82
CEP: 14770-000 – Colina - SP
Telefax: (17) 3341-8212
e-mail: academiaint@mdbrasil.com.br
site: www.academiadeinteligencia.com.br

Outras obras de Ômar Souki
Acorde! Viva seu sonho!
A magia em você
A solução otimista
Acredite! Você tem o poder!
Emoção é poder
Gênio & Gestão
Genocídio cultural
Otimismo nos negócios
Paixão por marketing
Respostas para a vida (I e II)
Riqueza infinita
Sucesso! Ontem, hoje, sempre!
Vida otimista

CD's
Relax
Riqueza infinita
Emoção é poder (I - II)

Vídeos
Riqueza infinita
O Sabor do lucro

≡PARMA
Impresso nas oficinas da
EDITORA PARMA LTDA.
Telefone: (011) 6462-4000
Av. Antonio Bardella, 280
Guarulhos – São Paulo – Brasil